「すぐ動く人」は悩まない！

和田秀樹

祥伝社黄金文庫

はじめに――悩みを切り上げて、動ける人になる

悩み方を間違えないように

私は精神科の医者になって30年以上になりましたが、悩みというのは心の病を抱える人だけの問題でないことは確かです。

むしろ、悩んだことがない人はいないでしょうし、幸運にもいま悩んでいない人だって、いつ悩むことになるかわかりません。

ただ、精神科医になって非常に勉強になったことは、多くの心の病を抱える人というのは、悩み方が度を越していたり、悩みからあまりに抜けにくかったり、あるいは、悩むべき方向性が間違っていたりすることが多い、ということです。

飛行機が事故を起こすのではないかと悩むこと自体は異常ではありませんが、その

せいでまったく飛行機に乗れないというのならば、それは確率論を考えない不適応な悩みといえます。

リストラが心配だという悩みはわかりますが、そのせいで仕事にいけなくなったら、本当にリストラされる可能性は高まってしまいます。

鍵が閉まっているか心配だと悩むのは正常な範囲ですが、そのために何十回も確認しないと気が済まないならば、やはり医者にかかったほうがいいでしょう。

顔が赤いせいで対人関係がうまくいかないという悩みはわかりますが、顔が赤いことだけを治しても果たして対人関係はよくなるでしょうか?

悩むよりも行動しながら考える

私たち精神科医は、そういうことをどう変えていくかで苦労するわけですが、正常範囲の人であれば、実際には少し話せば納得してもらえることが多い気がします。

ですから、そういう体験から、もうくよくよ悩まなくてよくなるためのヒントをまとめてみることにしました。

実際、受験生を見ていて感じることですが、計画をつくるのに5時間かかって、勉強が5時間しかできない人と比べて、1時間で計画づくりを切り上げて、9時間勉強できる人のほうが成功の確率は高いものです。

要するに悩む時間が長ければ、仕事ができる時間、行動できる時間、勉強できる時間が減ってしまって、その分、ハッピーでない結果になることが多いわけです。

最近のような不確実な時代になると、あれこれ悩んで綿密な計画を立てても、予定どおりの結果にならないことのほうが多いものです。だったら、早めに動いて、その結果を見て計画を修正していったほうが、最終的に得るものが多いということにならないでしょうか？

悩んでいるだけでは何も変わらない

実際、心の病を抱える人などに特に多い話ですが、頭の中で悩んでばかりいて、行動ができない人がとても多い気がします。

「悩む人」より「動く人」になるほうが得るものも多いでしょうし、悩んでばかりいて動けなければ、事態は何も変わらず、より悩みが深くなってしまいます。

また、仮に失敗したとしても、その体験から学べることも小さくないはずです。

ですから、本書はそういう視点から、あまり役に立たない悩みにはまらずに、どう動く方向にもっていけるかを考えてみました。

悩みを切り上げて、動ける人になるためのヒントにしていただければ、著者として幸甚です。

末筆になりますが、私が多くの読者に伝えたいことを本にできたのは、吉村貴さんのおかげです。この場を借りて深謝いたします。

和田秀樹

目次

第1章 「変えられないこと」で悩むのは時間の無駄

第4章 「解決できないこと」を認めれば、改善策が見つかる

第5章　「思いどおりにいかないこと」を認める

第6章 悩みにとらわれないための習慣

第7章 悩む人よりも「動く人」が成功する

装丁　福田和雄
編集協力　吉村　貴
DTP　キャップス

序章

私たちは悩まずには生きていけない

悩むのは、将来に希望があるからこそ

いつも悩みを抱えている自分、些細《ささい》なことで悩んでしまう自分を、歯がゆいと感じたり、情けないと思ったりしている人は、少なくないのだと思います。

では、人はなぜ悩むのでしょうか。

その理由は大きく分けて四つくらいありそうです。

一つは将来に希望を持っているということです。

「えっ、希望があるから悩む？　それって逆じゃない。希望があったら前向きに生きられると思うんだけれど……」

そう考える人が多いかもしれません。

しかし、**実は希望というのは、悩みの〝もと〟にもなるのです。**

たとえば、将来こんな自分になりたい、こんな生き方をしたい、という希望を持っているとします。

その希望を実現するための基礎となるのは、まず、健康であるということでしょう。

そこで、こんな悩みが生まれてくる。

「もし、病気になったらどうしよう？　それがガンだったら、とても希望どおりの生き方なんかできやしない。ああ、悩ましい！」

一方、将来に何の希望もなく、「どうなってもいいや」と思っている人は、こんな悩みとは無縁です。

人生どうでもいいのですから、病気になったところで、あるいは、死んだところで、そのどうでもいい人生にはさしたる変わりはないからです。

このように、希望があるからこそ病気を恐れ、死に恐怖を感じて悩むのです。

そう考えると、悩むということは、それほど悪いことではないと思いませんか？

そのことを最初に頭に入れておいてほしいのです。

そう、悩む自分のことを歯がゆいと感じたり、情けないと思う必要はありません。

「なりたい自分」があるから悩む

人にはさまざまな「なりたい自分」があるものです。

お金持ちになりたい、社会的に高いポジションにつきたい、会社で出世したい、人に好かれたい、異性にモテたい……。

あげていたらキリがありませんね。これが悩む理由の二つめです。

つまり、どうしたらそのなりたい自分になれるかで悩み、また、なりたい自分になかなかなれないことで悩むわけです。

「お金持ちになりたいけれど、いったいどうしたらそうなれるのか？」

「モテたいのに、ちっともモテない。どうすりゃいいんだ」

こういった具合です。

日本発祥のものとしては代表的な精神療法である森田療法を開発した森田正馬《もりたまさたけ》は、そうしたなりたいという欲求のことを「生の欲望」と呼びました。

この生の欲望は、悩みのもとではありますが、生きるエネルギーともいえます。

つまり、エネルギーが旺盛《おうせい》である人、積極的に一生懸命生きている人というのは、悩みにとらわれやすい、という言い方もできるのです。

悩めばなんとかなる、と思うから悩む

悩む理由の三つめは、悩むことでなんとかなる、解決策が見出せるという思いがあることです。

現状はお金がなくても、なんとか稼げるようになるのではないか、と思って悩み、異性にモテない自分も、何か方策を考えたら、モテるようになるのではないか、と思

って悩むわけです。

勉強ができない、出世に見放されている、といった事態で悩んでいる場合も同じです。悩むことによって、そこから抜け出せるという思いがあるのです。その典型的な例が手洗い強迫の人かもしれません。

手洗い強迫の人は何時間でも手を洗い続けます。それは、手を洗えばバイ菌がゼロにできると思っているからです。

しかし、現実にはいくら手を洗っても、バイ菌をゼロにすることなど無理な話です。そう気づけたら、「まあ、手洗いはこのくらいでいいか」ということになるのですが、「(洗えば)なんとかなる」という強い思いがあるから、まだ、手洗いが足りないのではないかと悩み、洗うことをやめられないのです。

もっとも、どんな事態も自分の力で、努力によってよい方向に「なんとかしよう」とすることは悪いことではないでしょう。

問題は「なんとかしよう」と「なんとかなる」の間には〝距離〟があるということなのです。

「こうあるべき」という意識が悩みを生む

悩む理由の四つめは、ある意味での自己規定をしてしまうことです。いわゆる、「こうあるべき」という思いですね。

「男たるものかくあるべし」「女性はこうあらねばならない」という意識が強いと、悩むことになりやすいのです。

たとえば、父親が東大出身、兄も東大に通っているという家庭では、弟に「自分も東大にいかなければならない」という意識が芽生えやすいものです。まさしく、こうあるべき、こうならないといけない、と自己規定をしてしまうのです。

しかし、必ずしも東大に合格するとはかぎらないわけですから、そこに悩みが生まれます。受験前には「東大に合格しなかったらどうしよう」という悩みから離れられませんし、受験して不合格だったら、その自分がまた悩みの種になるのです。

そのほかにも、たとえば兄も妹も早くに結婚して、幸せな家庭生活を送っているという環境にある人の場合、「早く結婚しなければ……」「結婚できなかったらどうしよう」といった悩みが生まれやすいかもしれません。

現代人が悩まずに生きるのは難しい

では、今度は悩まない人について考えてみましょう。

ここまでお話ししてきたのとは、逆の生き方をしている人は悩まないといえます。すなわち、将来の希望がなく、なりたい自分もない。どんな事態にあってもなんとかしようとは考えず、こうあるべきという思いもない人です。

現実にこの悩まない〝4点セット〟をすべて持ち合わせている人がいるかどうかは

ともかく、仮にいるとすれば、おそらく、その人は悩まない人生を送るのでしょう。

また、もう一つ、宗教性も悩みに深くかかわっています。

たとえば、イスラム教の信者。イスラム教ではすべては「神の思《おぼ》し召《め》し」と考えますから、敬虔《けいけん》なイスラム教徒は悩まないで済みます。

お金がなくて貧しい暮らしをしていても、それは神の思し召しですから、そのまま受け容れることができる。一事が万事そうなので、異性との出会いがないのも、厳しい労働環境下で働くのも、家族が幸せとはいえないのも、神の思し召しです。それは自分でどうにかできることではないし、どうにかする必要もないわけですから、そこに悩みはないのです。

しかし、だからといって、彼らが投げやりな生き方をしているわけではありません。神の思し召しにしたがって、昼間は真面目に仕事をするし、決められた時間にはお祈りもしている。現在の日本では顔もわからない人と結婚するなどあり得ないことですが、イスラム教徒はそれが神の思し召しなら、素直に受け容れ、きちんとした結婚生活を送ることもできるのです。

もちろん、そうした宗教性に根ざした悩まない生き方と、希望もなければ、なりたい自分もないという、ないない尽くしの悩まない生き方とは、はっきり違います。前者は問題なく社会に適合できますが、後者は社会適合能力に欠けるといっていいでしょう。「何もかもどうでもいいや」というのは、〝世捨て人〟的な生き方だからです。悩まない世捨て人では、現代の日本の社会で生きていくのは難しいでしょうし、ましてや成功など望むべくもないことは、説明するまでもありませんね。

悩むことはよいことだが、悩みすぎがいけない

もう、みなさんは理解されたことと思いますが、悩むことは悪いどころか、むしろ、よいことです。問題になるのは、どう悩むかという、悩み方なのです。

悩み方には明確に、よい悩み方と悪い悩み方、上手な悩み方と下手な悩み方があり

ます。

詳しくはあとの章でお話ししますが、**一例をあげれば、悩む時間が長すぎる、つまり、一つのことを悩みすぎると、よい結果には結びつきません。**

仕事でも着手する前に悩むことはいいのです。しかし、悩みに悩み抜いているうちに、それを実行する時間がなくなってしまったのでは意味がありません。

たとえば、5時間で仕上げなければならない仕事に取り組む際、ああでもないこうでもない、と計画段階で悩んで4時間30分も使ってしまったら、実行する時間はわずか30分しかないことになります。それでは、いくら綿密な計画ができあがっても、間違いなく計画倒れに終わります。

しかも、どれほど悩み抜いた末につくった計画でも、完璧ということはないのです。実行段階では思ったとおりにいかないこともありますし、想定外のこともいくらだって起こる可能性があります。

だったら、悩むのは適当なところで切り上げ、たとえ、少々、中途半端な計画でも、とりあえず実行に移してみて、そこで不備や問題点が見つかったら、修正していくという手法のほうが、はるかに効率的だし、うまくいく可能性も高いことにならないでしょうか?

悩みすぎて実行できない――悪い(下手な)悩み方の最たるものがそれなのです。

悩みがなさそうな人は本当に悩んでいないのか

みなさんの周囲にも「あっけらかんと生きている」ように見える人がいるかもしれません。

そんなタイプは悩みがなさそうでいいなあ、と羨《うらや》ましく映っているのではないでしょうか。たしかに、悩みがなさそうな人はいます。

しかし、悩みがなさそうに見える人の中にも、さらにいくつかのタイプがある気がします。

たとえば、何人もの人を束ね、引っ張っていかなければいけないリーダーの立場にある場合、自分が悩んでいることを周囲に感じさせると、信頼の失墜《しっつい》につながることがあります。だから、悩んでいることを感じさせないようにふるまう。これも、悩みがなさそうに見える人の一つのタイプでしょう。

また、世の中には他人の悩みばかり聞かされる人もいます。悩みを打ち明けやすい、相談しやすい、聞き上手な人がこのタイプだと思いますが、こういう人は、いつも悩みを聞くばかりで、自分の悩みについてはあまり話さないので、傍《はた》からは「きっと、悩みがない人なんだな」という受けとられ方をしているかもしれません。

そのほか、ある種の〝悟り〟を開いている人も悩みがなさそうに見えるでしょう。ここでの悟りとは、仏教的なそれではなく、諦観《ていかん》を持っているということです。物事が思ったとおりにいかなくても、「まあ、世の中ってそういうものだよな」と受けとめることができる。つらいこと、苦しいことに直面しても、「そうだよな。生きていれば、こんなこともあるさ」と考えることができる……。

そんな諦観を持って生きていれば、周囲からは悩みがなさそうに見えるでしょうし、実際、ちょっとやそっとのことでは悩まないはずです。

〝区切りをつける〟悩むときは

いずれにしても、ほとんどの人が悩みを抱えながら生きています。しかし、悩み方は千差万別で、個人差があります。それも、悩みがなさそうな人に見えるか、見えないかを分ける、大きな要因です。

悩みに区切りがつけられる人は前者の代表格といっていいでしょう。悩むことはあっても、一定の時間、たとえば、30分経ったら、「これ以上悩んでも仕方がない」と区切りをつけ、気持ちを別なことに向けられる人は、当然、悩み少なき人に見られます。

一方、いったん悩んでしまったら、気持ちの切り替えができず、2時間も、3時間も悩んでいるような人は、誰の目にも悩み多き人に見えますね。

その違いは、そのまま悩み方が上手か下手かの違いでしょう。**上手な悩み方の重要なポイントは、この〝区切りをつける〟ということなのです。**

また、何に悩むのかという、悩みの内容も、悩み多き人に見えるか、見えないかを分けます。

結婚相手を選ぶ、就職先を決める、大きなプロジェクトの方向性を定める、といったときは人生を左右する重要な局面ですから、悩んで当然ですし、じっくり悩めばいいのです。周囲から、「そんなことでいつまで悩んでいるんだよ」といった声があがることはありません。

しかし、ランチに立ち寄ったレストランで〝じっくり〟悩んでいたらどうでしょう。「トンカツもいいな。待てよ、生姜焼きも捨てがたいし、海老フライもうまそうだ。う〜ん、どうしたもんだろうか?」

周囲がとっくにオーダーするものを決めているのに、一人メニュー選びにやたらと時間をかけていたら、これは確実に、「おい、おい、そんなことで悩むのはいい加減にしてくれよ」といった声が飛びます。

食事を蔑《ないがし》ろにするつもりはありませんが、ランチで何を食べるかは比較的に些細な問題でしょう。少なくとも、じっくり悩み込むに値することとは言い難い。

そういったことで悩む人は、何かにつけて悩む人、あえて強い表現をすれば、くだらないことで悩む人と見られても致し方ありません。

大事に悩んで、些事《さじ》に悩まず。これは、悩みがなさそうに見える人に共通するものです。そして、上手な悩み方のポイントでもあると思います。

知識が増えた分、悩みも増えた

現代は高度に発達した情報社会です。その社会の在り様が悩む原因にもなっています。インターネットやSNSなどを通じて、すぐに、手軽に、情報を得られるようになったことで、現代人の知識は著《いちじる》しく増えています。

健康についての知識一つをとっても、ひと昔前とは比べものにならないほどたくさんある。そこでこんなことになるのです。

「ラーメンに煮卵をトッピングしよう。あっ、だけど煮卵はカロリーが高いんだった。ここは我慢したほうがいいか、肥満になると困るしなぁ」

カロリーなんて知識がなければ、何の躊躇《ちゅうちょ》もなく、煮卵のせラーメンが食べられるのに、なまじ〝余計な知識〟があるために、そこで悩まなければならなくなるわけです。

そして、こういった悩みは、お金儲けのための知識、出世するための知識、成功するための知識、異性に好かれるための知識、長生きするための知識、認知症にならないための知識……というように、あらゆる場面で生じています。

しかも、知識はそれぞれに多種多様で「これが絶対に正解」と言い切れるものがありません。それどころか、まったく相反するものも珍しくないのが実情です。

たとえばダイエットにしても、食べるダイエットもあるし、食べないダイエットもある。お金儲けに関する知識にしても、堅実性を重んじるものがある一方で、ギャンブル性に立脚したものもある。まさに百《ひゃっ》花《か》繚乱《りょうらん》の体《てい》でしょう。

これでは、知識に振りまわされるばかり。悩まないほうが不思議なくらいです。知識の坩堝《るつぼ》に投げ込まれ、かつては悩まなかったことで悩まされているのが、現代人の姿といっていいのかもしれません。

生き方の正解がない社会では、悩んでも当然

現代の社会構造も、悩みを深める原因に見えます。

知識と同じように物事にも絶対的な正解というものはありませんが、昔の日本社会には相対的な正解らしきものはありました。

できるだけよい大学に入ったほうが、就職にも有利で将来的にも安定しているとか、大企業に就職すれば、生涯食いっぱぐれることはないとか、前例にならって仕事をし

ていれば、会社は倒産しないとか、真面目に仕事に勤めていれば、そこそこ昇進できるとか……。

そんな社会構造の中では、それほど悩まずに生きるうえでの〝正解〟を見つけることができたのです。

ところが、いまはすっかり社会が様変わりしています。

一流といわれる大学を出ても就職浪人しなければならないこともあるし、大企業でもいつM&Aや倒産の憂き目に遭《あ》うかわかりません。

終身雇用、年功序列という日本型の企業体質もいまは昔。ビジネスパーソンの誰もが、リストラや収入ダウンの危機と背中合わせで働いているのが実情です。

現代人はライフステージのいたるところで「どうすればいいんだ?」という局面に立たされているのです。

それが、悩みを生んでいることはいうまでもないでしょう。

進歩と豊かさが悩みをより深めた

現代人は総じて文明や技術の進歩を享受《きょうじゅ》し、豊かさの中で生きています。実はそれも悩みの一因になっています。

たとえば、医学はめざましく進歩し、かつては不治の病とされていた病気も手術や薬で克服できるようになってきました。

つまり、ある種の病気になったら「助からない」時代から、「助かる」時代に変わったわけです。

助からない時代であれば、「この病気になったのも運命」と誰もが死を受け容れていました。でも、助かる時代にはそうはいきません。

より確実な治療法を求めて右往左往する。もっと確かな手術法はないか、もっと効く薬はないか、と思い悩むのです。

子どもを産む際も、昔は1割、2割の赤ちゃんが出産時に死亡していました。しかし、現在はお産で赤ちゃんが死亡することなど誰も想定しません。お産は安全と思い込んでいるのです。ところが、現実には低い確率ですが、赤ちゃんが死亡することはあります。

もちろん、親にとっては受け容れがたいことですが、それが想定されていた時代と想定されていない時代では、やはり、違いがあるはずです。

昔はどこかで吹っ切れたのだと思いますが、いまは赤ちゃんを失った悔いや悩みからなかなか解放されない。一生その悩みを引きずっていく親も少なくないのではないでしょうか。

豊かさも悩みの種になります。誰もが貧しかった時代には、〝ひもじさ〟や〝ものがない〟ことを当たり前のように受け容れていました。そのことで悩むこともなかったのです。

しかし、飽食《ほうしょく》の時代、ものがあふれる時代となったいまは、「もっと」という思いにとらわれ、それが悩みにもつながっているのです。

こう見てくると、悩みとどう向き合い、どのように付き合っていくか、すなわち、どんな悩み方をするかは、この時代を生きている人にとって、避けては通れない課題だという気がします。

だからこそ、どんな悩み方をするかで、みなさんの人生は変わるのです。

第1章

「変えられないこと」で悩むのは時間の無駄

「過去」はいくら悩んでも変えられない

悩みには解決できることと、できないことがあります。一番まずいのは解決できないことを悩むパターンです。

その典型が「過去」を悩むこと。これは、悩めば悩むほど深みにはまりますし、同じことを何度も繰り返し悩むことになります。

たとえば、いまの会社の仕事にやりがいを感じられない、自分に向いていない、といった感じを持っていると、その会社に入ったことが悩みになるかもしれません。「ああ、あのときあっちの会社を選んでいたら、もっと充実感を持って仕事に向き合うことができたのになぁ」と。

あるいは、恋愛がうまくいかなくなったときには、「そもそも彼女（彼）と付き合ったこと自体が間違いだったんだ。付き合う相手を慎重に選んでいたら、こんなことにはならなかったはずなのに……」と思うこともあるかもしれません。

しかし、過ぎ去った過去の時間は戻ってきませんし、自分がそこに立ち戻ることは絶対にできません。いくら悩んだところで、その会社に入ったという事実、その相手と付き合ったという現実は変えようがないのです。

解決の糸口が見つかることなら、悩む意味もありますが、糸口がないことを悩んだら、悩みの堂々めぐりをするばかり。解決できないまま、悩みは深まり、同じ悩みにとらわれ続けることにもなります。

こういった場合、そもそも悩む方向が違うのです。過去ではなく、解決できる悩みに目を転じましょう。

会社が嫌なら、入ったことを悩むのではなく、どうしたらその嫌な状況から脱することができるか、そのことについて悩めばいい。

そうすると、解決の糸口をいくらでも見出せるようになってきます。

取引先の中途採用がどうなっているかを調べる、友人、知人と会って彼らが勤めている会社に転職できないかどうかを聞いてみる、転職情報サイトをとことんあたる、起業について勉強する……。

すぐにはいまの状況が変わらなくても、悩みは行動に直結しています。行動すれば、**必ず結果が出ますから、その結果に応じて、さらに解決のための糸口を探ることができます。行動は、悩みの解決に向けての確かな一歩になるのです。**そうして一歩ずつ、歩みを進めていけば、いつかは現状脱出にいたるはずです。

恋愛も付き合ってしまったことをいくら悩んでも仕方がありません。修復する手立てはないか、すっぱり別れるか、別れた後どうするか……。悩みどころはそこです。

それらの悩みなら、一度じっくり話し合ってみる、腹を括《くく》って別れ話を切り出す、新たな出会いのための方策を講じる、などの行動につながります。

これもまた、「悩み→行動→（結果に応じての）悩み→行動……」という方式で、必ず解決することができるのです。

悩みの方向を「変えられること」へ向ける

過去と同じように、変えられないことを悩むのも、悩みを深めることにしかなりません。

たとえば、人前に出ると顔が赤くなる人がいます。それが、人前に出るのが恥ずかしい、人付き合いがうまくできない、という悩みにつながっています。

しかし、その人が顔が赤くなることをいくら悩んでも、顔が赤くならない人になることはできません。顔が赤くなるのは体質、あるいは生理現象ですから、当然です。

つまり、その悩み方では解決できないのです。

一方、悩み方の方向を、人前で赤くなっても恥ずかしくないようにする、人付き合いがうまくできるようになる、というふうに変えたらどうでしょうか。これは解決策が見つかりそうです。もっとも端的なのがこれ。

「僕は人前に出ると顔が赤くなってしまうんです。気にしないでくださいね」

そう率直に告げられたら、相手は悪い印象を持つどころか、好感を持って受けとめるのではないでしょうか。相手が受け容れてくれたらこちらが恥ずかしいと感じることもありませんし、顔が赤くなることがその人と付き合ううえでハンディキャップになることもありませんよね。

「私は尊敬する（大好きな、偉い、立派な）人の前に出ると、顔が赤くなっちゃうんです」

これはさらに上級な言い方。相手の心をのぞけば、「そんな、そんな、私ごときで顔を赤くしていただいて、かえって照れるじゃないですか」といった感情が渦巻いているに違いありません。それがこちらに対する好感度をグングン上げることは疑いを容れません。

人前に出るのが恥ずかしい、人付き合いがうまくできない、という悩みはアプローチの仕方によってあっさり解決できるのです。

変えられない容姿を悩んでもしょうがない

容姿に自信がないという人も、そのことを悩んだからといって、容姿が変わるものではありません。もちろん、整形手術を受ければ多少の〝好転〟は望めるかもしれませんが、あくまでちょっとした修正にすぎません。

それよりは、いまの容姿のままで人とどうかかわっていくか、どのようにしてよい印象を持ってもらうか、いかに異性に好かれるか、といったことを悩むほうがいい。これならば、いくらでも解決策があります。

美しい、丁寧な言葉遣いを心がける、きめ細やかな配慮をする、他人に対する思いやりを深める、やさしさに磨きをかける……。それらはどれも〝やる気〟一つですぐにでも実践できることです。

誰もが振り返らずにはいられないような容姿端麗《ようしたんれい》の人でも、言葉遣いがぞんざいだったり、乱暴だったりしたらどうでしょう。おそらく、その魅力は大幅にダウンとなるはずです。

それに対して容姿はそれほどでなくても、美しい、丁寧な言葉遣いをする人の魅力は、言葉を交わすほどにアップしていきます。

10人が10人とまではいいませんが、前者より後者に好印象を持つ人は、少なくないのではないでしょうか。好印象にとどまらず、惹《ひ》かれるという異性も絶対にいます。

配慮、思いやり、やさしさについても同じことがいえます。

変えられないことを悩み続けてもラチがあきませんが、変えられることを悩んだら、必ず解決にまでたどり着くのです。

どちらの悩み方が賢いか、考えてみるまでもありませんね。

「失敗は成功のもと」とは必ずしもいえない

「失敗は成功のもと（母）」という言葉は誰でも知っているでしょう。しかし、その意味は、失敗をすれば次は無条件で成功に導かれるということではありません。

工学博士の畑村洋太郎《はたむらようたろう》先生は『失敗学のすすめ』（講談社）という著書の中で、失敗は断じて成功のもとなんかではない、という意味のことをいっています。

まったく同感。失敗を成功のもとにするには、整えるべき条件があるのです。「分析」と「戒《いまし》め」がそれです。

なぜ失敗したか、どこで失敗したか、ということをきちんと分析する。また、同じ失敗は二度と繰り返さない、と強く自分を戒める。その二つの条件が整ってはじめて、失敗は成功のもとにも、母にもなるのです。

私は受験指導にも携《たずさ》わっていますが、模擬試験を受けたときには、偏差値や合格可能性は見るな、と常々伝えています。仮に「偏差値53」「合格可能性D判定」という結果が出たとして、「ああ、これじゃあだめだ」と悩むことになったら、百害あって一利なしだからです。

すでに出た結果は変えられない。前述したように、変えられないことは悩んでも何の役にも立たないのです。ならば、なぜその問題を間違えたのか、どの部分の勉強ができていなかったのか、どこを補っていけばいいのか、どのようなミスをしたのか……そこを悩む（分析する）べきです。

そのうえで、二度と同じ轍《てつ》は踏まないぞ、と自らを戒める。それで次の模擬試験では確実にステップアップがはかれます。悩んだことが活きてくるのです。

悩み方の違いはわかりますね。**失敗した結果をただ悩むのか、改善点を見出そうとして悩むのか。**どちらの悩み方をするかで、次の結果は大きく変わってくるのです。

そして、これは何も受験勉強にかぎったことではありません。仕事も恋愛も同じです。

失恋して、「またフラれちゃった」と悩んでいるうちは、次に恋愛をしても同じような結果になる公算が高い。だから、ここは次のように悩まなくてはいけません。

「フラれたのは、誠意が足りなかったのかな。それとも、時間にルーズすぎたからか。相手のやさしさに甘えすぎたところもあったかもしれない」

悩んで炙《あぶ》り出されたところは改善点です。そこを改めていけば、次の恋は成就する確率がドンと跳ね上がるでしょう。もう、同じようなフラれ方をする自分とは訣別《けつべつ》できます。

同時にいくつものことを悩むことはできない

悩むことばかり多くて、心が安まる暇がない。そんなふうに感じている人が少なくないかもしれません。誰もが知識をたくさん持ち、豊かさにひたって生きているいまは、悩み多き時代だという話はすでにしました。

「(石川や浜の真砂《まさご》は尽きるとも)世に盗っ人の種は尽きまじ」といったのは、かの石《いし》川《かわ》五《ご》右《え》衛門《もん》とされていますが、それにならえば、現代は、「世に悩みの種は尽きまじ」の時代ということにでもなるでしょうか。

しかし、森田療法の森田正馬はこんなことをいっています。

「人は同時にたくさんのことを悩めない」と。

つまり、一つの悩みの渦中にいると、そのことばかりに心が占領されて、ほかに悩むべきことがあっても、それが見えないということだと思います。

たしかに、そういうことがある。精神的に落ち込んでいて、そんな自分を悩んでいるとき、ふっと異性がやさしい言葉をかけてくれたりすると、相手に恋愛感情を持ってしまったりすることがあります。

本来、恋愛とか結婚は、相手がどんな人間であるかをきちんと見極めたのちに成立するものであるはずです。ですから、はじめに人物判定があってしかるべきなのですが、落ち込んでいる自分に悩んでいると、それなしに、すなわち、相手が恋愛するにふさわしい人か、結婚しても大丈夫な人かといったことについて悩むことなしに、そこに飛び込んでしまったりするのです。

一概にはいえないかもしれませんが、一時的な〝気持ちの落ち込み〟と〝恋愛、結婚〟をはかりにかければ、人生にとってより重大なのは後者でしょう。だとすれば、真剣に悩むべきはそちらだということになりませんか。

ところが、一つの悩みにとらわれていることで、本当に悩むべき大事なことが見えなくなるのです。

実際、心が弱っているときに、とんでもない異性に引っかかってしまった、という事例はいくらでもあります。

森田正馬の言葉は肝に銘じておく必要がありそうです。悩んでいると、近視眼的になったり、視野狭窄《しやきょうさく》に陥《おちい》ったりしがちなのです。

その悩みが自分にとって大事なことなのか、ほかにもっと大事なことがありはしないか。常にそう自分に問いかけていくことを、ぜひ、忘れないでください。

劣等感を持つのは悪いことではない

人は誰でも、少なからず劣等感を持っているものです。きわめて単純なところでいえば、友人と比べて自分のほうが背が低い場合、見た目的にも背の高さで自分が〝劣って〟いるわけですから、それが劣等感になって当然です。

よく、劣等感は持つな、といった言い方がされますが、私は違うと思っています。**明らかに劣っていることは、そのまま認めてしまったほうがいい。**劣等感は持っていいのです。

「劣」という字に惑《まど》わされてか、劣等感は悪いことのように思われがちですが、言葉を換えれば、個性ということでしょう。背が高いのが個性であるのと同じように、背が低いのも、また、個性なのです。

オーストリア人の心理学者であるアルフレッド・アドラーも、劣等感を持つのはかまわないといっています。ただし、劣等コンプレックスを持ってはいけない、ともアドラーはいっているのです。

劣等コンプレックスとは、背が低い自分を「みっともない」「情けない」「だめだ」……といったふうに思って、そのせいで行動などが困難になることです。

こういうことばかりに悩んでいると、積極的な行動がとれない。みっともない自分、情けない自分、だめな自分をなんとかしなければ、と悩むわけですが、こればっかりはなんともならない。その結果、悩みの袋小路に迷い込んでしまうのです。

アドラー自身も身長１５７センチほどの小柄な体型でした。西欧人の平均身長からすれば、圧倒的に劣っていたのです。しかし、彼はそのことで悩むのではなく、別の方向で自分の存在を輝かせることを考えました。

おそらくは、それが学問だったのでしょう。フロイト、ユングの心理学大系とも並び称せられるアドラー心理学の確立は、彼が劣等感は持っていても、劣等コンプレックスは持っていなかったからこそ、成し得たものだと思います。

「彼のほうがはるかにイケメン」

「彼女のほうがずっとキレイ」

そう感じる誰かがいても、それは、顔の造作というたった一面で相手に劣っているだけのことです。

それ以上でもないし、それ以下でもない。**人は多面的な存在です。**だったら、ほかの面で、彼より、彼女より、自分を輝かせることに努めたらいいではないですか。

劣等感は持っても、劣等コンプレックスは持たない、というのはそういうことです。

苦手を克服するよりも、得意を伸ばす

自分の欠点も悩みの種になりそうです。悩んだあげく、「そうだ、なんとしても欠点

を克服しよう」と決意するケースも少なくないのでしょう。

もちろん、欠点克服のために努力するのが悪いというつもりはありませんし、それがオーソドックスな発想、考え方といえるかもしれません。

しかし、別の発想もある。私たちがおこなっている受験指導の一つの柱に次のようなことがあります。

「苦手科目の克服より、得意科目で思い切り点をとって、苦手科目の負担を減らせ」

受験での合否は合計点で決まります。各科目の点数がそれぞれ何点かにはかかわりなく、すべての科目の合計で何点とるかが勝負なのです。

苦手科目というのは、そもそもその科目が好きではない、能力が向いていない、といった、なんらかの理由があって苦手意識を持っているわけでしょう。ですから、それを克服するのは容易ではありません。また、克服するために頑張って、点数が伸びなければ、挫折感だって味わうことになります。

それよりは、得意科目をもっと伸ばすほうがずっとラクですし、本人も楽しんで取り組めるのです。

得意科目が常に満点に近いという人は別ですが、通常は得意科目を10点伸ばすほうが、苦手科目を10点底上げするより、はるかに成功確率は高いですから、受験勉強法としては、私たちが提唱する方式が理に適《かな》っているのです。

苦手の克服が声高《こわだか》にいわれるのは、学校教育がその方針でおこなわれているからでしょう。学校の教師はどの科目もおしなべてレベルを上げなければいけない立場にいます。数学が苦手な生徒に対して、「もう、数学は捨てろ。英語を徹底的に伸ばせばいいんだ」といったことはいえないわけです。

そのことが勉強嫌いをつくる大きな原因になっている、と私は思うのですが……。

発想を転換してよいところを見つける

それはともかく、〝得意を伸ばし、苦手には目をつぶる〟という考え方は、悩まない

ための処方箋でもあるのです。

たとえば、人と話すのが苦手だという人がいます。そんな人が人事異動でセールスのセクションに配属されたりすれば、その時点でおおいに悩むことになりそうです。「こんなに口下手でセールスなんかできるだろうか？　困ったなぁ」というわけです。

たいがいは、話し方の書籍などを買い込んで苦手克服に励むのだと思いますが、口下手な人が立て板に水のごとくセールストークをこなすレベルになるのは至難のワザであるはずです。

上達が思いにまかせないことになったら、悩みはいっそう深まることになります。

しかし、「苦手には目をつぶるぞ」と開き直って、発想を転換したら、こう考えられるようにもなる。

「普段から他人の話はよく聞くほうだから、そいつを伸ばしてやろう。顧客の話をよく聞いて、相手が望んでいること、求めていることを汲《く》みとり、できるかぎりそれに応えるセールスをしよう」

さて、巧みなセールストークを駆使《くし》して、〝売らんかな〟の構えでくるセールスパーソンと、訥弁《とつべん》でも顧客の話にじっくり耳を傾けてくれるセールスパーソンでは、顧客はどちらに信頼を寄せるでしょうか。

当然、後者でしょう。ビジネスの基本は信頼です。セールスの成績でどちらに軍配が上がるか。これはもういうまでもありませんね。

さあ、ためらわず、勇気を持って、苦手に目をつぶってしまいましょう。

第2章

行動するだけで悩みは軽くなる

行動できないことで悩んでも仕方がない

みなさんはすでに、悩みには解決できることとできないことがある、というのを知っています。繰り返しになりますが、変えられないこと、変えようがないことは、解決できない悩みです。

過去のこと、容姿や出生（どんな親から生まれたか）、自律神経の問題によって起きている現象（人の前に出ると顔が赤くなる、胸がどきどきする……）などは変えられませんから、いくら悩んでも解決できません。

そして、もう一つ、**「動けないこと」も解決できない悩みといえます。**

たとえば、転職について悩む場合、なんとなく「この会社にいたくないなぁ」というぐらいの気分でいるときには、悩んでも解決にはいたりません。おそらくは、その気分のまま会社に居続けることになるからです。

つまり、気分だけでは解決のために動こうとしない、動けない。転職はその人にとってまだまだ空想的なこと、漠然とした思いの域を出ていないわけです。

そうしたケースでは、転職について悩んでも仕方がありません。それよりはその会社でどうポジションを上げるか、どうやって実力を認められるようになるか、といったことを悩んだほうがずっといいですよね。

一方、心の中で転職する決意が固まっていれば、悩みは解決に向けてのものになります。転職するための具体的な動きが伴うからです。

転職先の候補をリストアップする、ツテをあたる、転職に有利になるようにスキルを身につける、といったことが具体的な動きの例です。

変えられるか、変えられないか。動けるか、動けないか。この二つは悩みを選別する重要なポイントです。

悩みが心に入り込んできたとき、まず、この二点でふるいにかける。そうすることで、余計な悩みにつかまらないで済むのです。

ベストではなく、ベターをめざす

ここで、悩みを解決する、とはどういうことかを考えてみましょう。

悩んでいることがすっかりクリアになる、それが解決だと思っていないでしょうか。

もちろん、そうなることがベストです。**しかし、そこにこだわっていると悩みは尽きないことになるのです。**

たとえば、預貯金がゼロでお金がないことが悩みだとすれば、お金を貯めるためにさまざまな動きをするでしょう。生活を切り詰めるとか、もっと給料のいい会社に移るとか、アルバイトをするとか……。

その結果、なんとか100万円の貯蓄ができたとします。しかし、それで悩みは解決するでしょうか。しないのです。

100万円の貯蓄ができた時点で、必ず、「いや、いや、100万円では貯蓄があるとはいえない。もっと、もっと、貯めなきゃ。う～ん、どうすればいいんだ」ということになる。新たな悩みにとらわれるのです。

ある目標が達成されても、それでは満足できず、次なる目標が悩みになるのです。

この構図には際限がありません。どこまでいってもベストとは思えないからです。

これはもう、人間の〝性《さが》〟あるいは、〝業《ごう》〟といってもいいかもしれません。

そこで必要になるのが、「ベターでよし」とする感覚です。

貯蓄ゼロが100万円になったことは、明らかにベターな状況が生まれたわけですから、「おお、いいじゃないか」と受けとめる。ベターで悩みは一応の解決とするのです。

そして、次は100万円が110万円になるベターな状況をつくるために努力する。

それを繰り返していけば、状況はどんどん好転していきます。

また、こういった考え方は、恋愛面でも有効です。

たとえば、少し古い価値観ですが、高収入、高学歴で容姿端麗《ようしたんれい》な異性をゲットしたいと思ったとしましょう。もちろん、そのために、立ち居ふるまいやファッションを磨き、話術を鍛《きた》えるなど、それなりの努力はするはずです。

しかし、現実にはそんな三拍子そろっている相手と出会える可能性はそう高くはないでしょう。にもかかわらず、そこであくまでベストの三条件にこだわったら、たまたま二つの条件がそろった相手と出会い、いい関係になったとしても、悩みは解決されないわけです。

つまり、結婚に踏み切れないのです。ベストを求めて永遠にさすらうことにだってなりかねません。

でも、そこで「三拍子そろってはいないけれど、ここはいいよね」というふうに、ベターを解決とする考え方ができたら、結婚もできるし、その生活を幸福なものにすることだってできるのです。

ベストにこだわる〝危険〟はまだあります。当初の思惑どおり、三拍子そろった相手をゲットしても、それをベストと思えるのはごく短い間だけでしょう。自分の伴侶はほどなくベストから失墜《しっつい》し、「あ〜あ、世の中にはもっと高いグレードで三拍子そろった人がたくさんいたのに……」ということにもなって、悩みが生まれるのです。

先の貯蓄の例と同じで、これにも際限がありません。**ベターをもってよしとする。ベターを一応の解決とする。**その姿勢が悩みをずっと軽くしてくれるのです。

「運まかせ」にしたほうがよいこともある

物事には人間の力ではどうにもならないことがあります。**天変地異《てんぺんちい》などはその典型ですが、身近なところにも力の及ばないことはあるのです。**

それらは運まかせにするしか仕方のないことなのですが、ともすると、それを受け容れられないで悩むことになったりします。

その一番いい例が、健康でしょう。普段から人一倍健康に留意し、年に一度の人間ドックはもちろん、日々の食事にも睡眠にも運動にも、でき得るかぎりの注意を払っている人が、健康面で万全かといえば、そうともいえません。

病気になるときはなるし、ガンに冒《おか》されるときは冒されるのです。それは織り込み済みでいなければ、悩みを一つ抱え込むことになります。

「あれほど健康には気をつけてきたのに、よりによって、この自分がガンになるとは！　いままでの努力は何だったんだぁ〜」

悩みは、恨み、つらみにもつながりそうです。**何かに向けて努力することは大切なことですし、努力しないよりよい結果がもたらされることも事実ですが、努力すれば、必ず望みどおりの結果になる、とはかぎらないのです。**

恋愛だって、思いを寄せる人の心をつかむために、精いっぱい頑張っても、相手が振り向いてくれないことはザラにあります。相手もこちらを憎からず思っているのに、そのときたまたま付き合っている人がいた、といったケースは、まさしく運が味方してくれなかったというしかありませんね。

「思ったとおりにならなかったけれど、ま、運がなかったということだな。そのうちよい運もめぐってくるさ」

そんなふうに捉《とら》えられたら、仮にベターの結果さえ得られなかったとしても、悩みに陥ることはなくなるのではないでしょうか。

相手の気持ちを変えようとするのは思い上がり

人間関係の中には大きな錯覚《さっかく》があります。人の気持ちは変えられるという思い込みがそれです。

はっきりいいましょう。自分の対応次第で相手の気持ちを変えたり、相手を説得できると考えるのは、思い上がりです。

たとえば、私が著書で展開している考え方を批判したり、議論を挑んでくる人がいます。その人たちの目論見《もくろみ》は、自分の論で私を論破する、つまりは、私を説き伏せ、「あなたのおっしゃるとおり。私が間違っていました」といわせることにあるわけです。しかし、私は決して説得されることはありません。

もちろん、引用した数字が間違っているとか、誤字脱字があるとか、事実誤認があるとか、そういうことなら、私は素直に「そのとおりでした。申し訳ありません」と頭を下げます。

しかし、「和田の理論は間違っている。なぜなら、過去にこういう学者がまったく違う理論を展開しているからだ」といった論法は痛くもかゆくもありません。

それは単にその人が過去の学者の理論を信奉している、ということでしかないからです。

私はそんな古い学説は現状にそぐわないと考えるから、私独自の理論を打ち出しているのです。当然ながら、説得されるわけもない。

もちろん、逆もまた真ですから、私は誰かの理論なり、考え方なりを、そうした論法で説得しようとは思ったこともありません。

論争とまではいかなくても、普段の会話の中で意見の食い違いはあるでしょう。みなさんの経験で、誰かの思いや考えを「違うよ」と指摘して、相手がそれを変えたことがあるでしょうか。あっても、ごく希《まれ》なケースではないかと思います。

変えるどころか、相手はますます自分のいったことに固執《こしつ》して、意固地《いこじ》になるというのが、通常のなりゆきです。それほど、人の気持ちを変えるのは難しいのです。その試みはほとんど徒労といってもいい。

相手の気持ちを変えようと一生懸命になっているのに、なかなか変えてくれなくて悶々《もんもん》として悩む、といった話を聞きますが、それが無駄骨に終わるのは必然。そのことを心得ていれば、わざわざ悩みを引き寄せることもないのです。

人からの評価は変わったらラッキーと思う

人間というものが人とのかかわりの中で生きている以上、周囲の評価がまったく気にならないという人はいないでしょう。

誰だって、いい人、素敵な人、と思われるほうが、嫌なやつ、ダサいやつ、と見られるよりうれしいに決まっています。評価が低いと感じたら、なんとかその上昇をはかりたいと思う気持ちもわかります。

しかし、人の評価というものも、なかなかに変えがたいのです。ですから、評価を気にして悩むのは、建設的とはいえません。

「どうも、みんなから嫌われているみたい」

そう感じている人が、評価を変えようと悩んで、好かれるために、周囲の人に擦《す》り寄ったり、おもねったりしたとして、はたしてうまくいくでしょうか。

「なぁに、彼（彼女）、急にへいこらして。いかにも見え透いてて、なんか嫌な感じ」

こうなるのがオチでしょう。付け焼き刃は、たいがい見透かされます。

ただし、嫌われていることについて、自分に思いあたるところがあって、それを改めようという意志がある場合は、自分が変わることで評価が一変することはあるでしょう。

たとえば、まわりに挨拶《あいさつ》もロクにしない、態度が横柄《おうへい》、言葉に気配りが足りない、といった人が、そのことに思いいたり、一念発起して、自分からちゃんと挨拶する、腰を低くする、人を傷つける言葉を慎《つつし》む、という人に変わったら、周囲の視線は好感を持ったものに変わるかもしれません。

いずれにしても、前提は「人の評価はそう易々《やすやす》と変わるものではない」というところに置くべきです。**そのうえで、評価を変えるためにできることがあったら、コツコツやっていけばいいのです。**

そして、変わったらラッキーと思うこと。その心構えでいれば、いたずらに評価に惑わされることも、振りまわされることもないですよ、きっと……。

悩みに対して　できるかぎりの行動をする

ここからは、誰もが直面するかもしれない具体的な悩みを見ながら、その悩みをどう考え、その悩みとどのように向き合っていけばいいのかを考えていきましょう。

全労働者数に占める非正規雇用労働者（契約社員、派遣社員、パートetc.）の比率が増え続けています。

令和4年度の厚生労働省の調査によれば、非正規雇用労働者数は2100万人あまりで、全体の約37％にのぼります。

そんな中で、かつてはほとんど耳にすることがなかった「正社員になれない」という悩みも深刻の度を加えているようです。

正社員にするか、しないかは、会社側が決めることです。したがって、なれないことを悩んでいたって、それが会社側に見えるわけではありませんから、その決定になんら影響を与えることはありません。

「彼（彼女）、悩んでいるみたいだな」と会社側が非正規雇用社員の胸の内を忖度《そんたく》し、「じゃあ、正社員にして悩みを解決してやるか」と手を差し伸べてくれることなど、現在の労働環境を考えたら、百に一つもないのです。

だから、そういう悩み方はしない。

どうにもならない（変えられない）こと、自分が動きようがない（働きかけようがない）ことは、悩まないのが鉄則でしたね。

では、このケースで動けることとは何でしょうか。

まず、そもそもその会社に非正規を正社員に取り立てるシステムがあるかどうかは、動いて、調べてみる必要があるでしょう。

システムがなかったり、あってもそのシステムがほとんど機能していなかったりするなら、その会社にいるかぎり、悩みは解決されないわけです。正社員になるには、別の会社に移る以外に手はありませんから、今度はその方向で動けばいい、となるのです。

正社員になる道筋が開かれている会社なら、何が正社員に引き上げられる要素なのかを見ることも必要になります。

実際に正社員になった人たちから話を聞くとか、過去の事例に何か特徴（勤務態度が重視される、遅刻欠勤の有無によって左右されるetc.）みたいなものはないかを検証するとか、動き方はいろいろあるのではないでしょうか。

あとは、新たな技術を習得するとか、資格をとるとか、スキルアップに努めるとか、自分の〝仕事力〟を高めるといったことも、正社員への道を切り開く武器になるでしょう。

「資格なんかとったって……。非正規の現実はそんなに甘いもんじゃない」

たしかに、そうかもしれません。

しかし、仕事力を高めれば、その会社で正社員になれる確率は間違いなく上がるでしょうし、ほかの会社が正社員として採用してくれることだってあるのではないでしょうか。

少なくとも、「そんなに甘くないよ」と悩み、拗《す》ねているより、はるかに前向きです。

ただ、座しているだけでは何も起こりません。

自分の仕事力を高める努力はできるはずですし、努力をしていれば、現状より悪くなることはないのです。

悩みにどっぷりひたって、手をこまねいているのとは雲泥《うんでい》の差です。

昔の「負け」を認めれば、現在で逆転できる

以前ほどではないにしろ、日本はまだ学歴が幅を利かせる社会です。

いわゆる、一流といわれる会社には一定レベル以上の大学にしか、就職試験の門戸を開いていないところもあるのが実情でしょう。

公務員の世界はもっとはっきりしています。

キャリアと呼ばれる高級官僚になるには、最高度の学歴が求められる。最難関の国家公務員総合職試験にパスするのは、東大を筆頭に、国内トップランクの名だたる大学の出身者ばかりです。

そんな中で、自社の後輩が自分よりはるかに学歴が高かったら、どこか引け目を感じてしまうのは無理のないことかもしれません。厄介なのはそれがやっかみにもつな

がりかねないことです。

「あいつ、今度のプロジェクトのメンバーに抜擢《ばってき》されていい気になってやがる。学歴をハナにかけるんじゃないってんだよ！」

やっかみは心を騒がせ、悩みのもとにもなります。

しかし、入社時にこそ学歴はものをいうかもしれませんが、いったん社会人になったら、その後は自分次第なのです。

会社側がこんな考え方をすると思いますか？

「今度は重要なプロジェクトだから、メンバーは精鋭を集めないといけないな。おっ、彼（彼女）は東大出身か。じゃあ、彼（彼女）にしよう」

まず、あり得ません。学歴より実力が社会人になってからの判断材料、評価材料です。仮に学歴では負けていても、実力をつければ十分〝逆転〟は可能なのです。

そのために心しておかなければいけないのは、大学入学という時点での負けは、負けとして素直に認めるということです。

かたや東大、かたや二流大学では、この時点での勝負は決しています。

どう負け惜しみをいったところで、東大よりも二流大学が勝ちということにはならないのです。

だったら、それは認めるほかはないし、認めたらいいのです。

認めることで、「よし、次は勝ってやるぞ！」というエネルギーがみなぎってきます。

それをいつまでも、「東大なんて、ガリ勉していただけだから、性格的に問題があるやつばっかりじゃないか」なんてやっていると、エネルギーがしぼむのです。

これって、負けにこだわり続けていることになりませんか？　負けを受け容れたら、そこでスパッと気持ちも切り替わるのです。

実際、東大法学部に入学しても、その後、勉強しなかったために司法試験に落ち続けた人もいれば、二流といわれる大学の法学部に入って一生懸命に勉強し、一発で司法試験を突破した人もいます。気持ちを切り替え、いち早く逆転に向けてエネルギーを傾けた結果でしょう。

社会人になってからも同じです。

実力をつければ、学歴などは単なる過去の事実でしかなくなる。もっといえば、子どもの頃に喧嘩《けんか》が強かった、かけっこが速かった、という過去の事実とさして変わらないレベルのことになるのです。

会社で存在感を見せつけている辣腕《らつわん》部長について、周囲がその学歴を云々することがあるでしょうか。

学歴にこだわるのも、それで悩むのも自分です。さっさとそこから離れて、自分磨きをしませんか？

第3章

「この人しかいない」という思いを捨てる

「この人しかいない」というのは思い込み！

前に紹介したアドラーも、同じく心理学者であるハリー・スタック・サリヴァンも、悩みについてこんなことをいっています。

「すべての悩みは対人関係の悩みである」

そこまで断言することはできないかもしれませんが、私も人間関係の悩みは深いものになりやすいし、ともすれば、病的なものにもなり得ると考えています。

その理由は明白です。**対人関係の悩みは相手があるため、自分の思いや力、行動だけではどうにもならないところがあり、非常に解決が難しいからです。**

では、まずはそんな対人関係の悩みの中でも小さくないウエイトを占める恋愛について取り扱ってみましょう。

「好きな人がいるのに、相手はちっともこちらを振り向いてくれない」

これは、ありがちな悩みです。相手を振り向かせるためのアプローチのやり方はいくつもありますから、いわゆる、手を変え品を変えて何度もトライするのはいい。

しかし、その前に大前提ともいうべきものがあることを忘れないでください。

男女を問わず、生理的に受けつけないという感じを持たれていたら、それを変えるのは、まず不可能だというのがそれです。

たとえば、経済的に豊かになったら、よりかっこよく、美しくなったら、社会的なステータスを築いたら……振り向いてくれなかった相手が振り向いてくれることはあるでしょう。

また、そうなる手立てもある。経済的なことでいえば、死にものぐるいで働くとか、貯蓄に励むとか。美しさでいえば、センスを磨くとか、整形するとか。ステータスでいえば、起業して一国一城の主《あるじ》になるとか。

それらが相手を振り向かせる可能性を広げることは確かです。

しかし、「生理的に嫌」という思いの前では、いかにも無力なのも事実。

なぜなら、経済的に豊かな人も、かっこいい人も、ステータスのある人も、ほかにいっぱいいるからです。

人を好きになると、「この人しかいない」という気持ちになるものですし、一途《いちず》な思いはすばらしいのですが、そのピンポイントで思いを寄せる相手が、不幸にして、こちらを生理的に受けつけないという可能性はあり得ます。そこで一途な思いを通せば、ストーカーととられる危険は大です。

冷静に考えてみれば、「この人しかいない」なんてことはないのです。いま、思いを寄せている人と同レベルの相手はいくらでもいますし、その中にこちらに好意を持ってくれる人がいないはずがないのです。

見切りどきを誤ってはいけません。

「あれっ、もしかして、生理的に嫌われている?」といった雰囲気を察知したら、早々に目を別の人に転じることです。

永遠に振り向いてくれない相手に執着して悩むのは愚《ぐ》の骨頂《こっちょう》。それでストーカーの烙印《らくいん》を押されることにでもなったら、人生、取り返しのつかないことにもなる。

「好きだけれど、ここは思いを断ち切って、ほかの人を探そう！」

そう、それを賢い悩み方というのです。

恋愛は確率論で考える

もう少し、恋愛における人間関係の話を続けましょう。

前の項目とも関連しますが、「ほかの人探し」をするうえで押さえておいてほしいポイントがあります。確率論をベースにするというのがそれです。

ここで質問です。恋人をゲットするもっとも確率の高い方策は何でしょうか。

見かけ、内面ともに自分を高めるというのは、大切でオーソドックスな方策とはいえますが、それにもまさる高確率の方策があるのです。

答えは、みなさんが知っている日本古来のことわざにあります。

「下手な鉄砲も数撃ちゃ当たる」

周囲の誰もが認めるイケメン、あるいは美人であっても、異性と出会う場所にいっさい近づかなければ、恋人はできません。イケメン、美人には黙っていても異性に言い寄られるというアドバンテージがありそうですが、それも、出会う場所に臨み、出会う機会を持ってのことでしょう。

何事においても成功確率を高める一番有効な手段は、このことわざのごとく、打数を増やすということなのです。

イケメン、美人ならずとも、100回も打席に立てば、つまり、積極的に異性と出会う機会を数多く持てば、1回くらいは打ったボールがヒットゾーンに飛ぶ、すなわち、こちらに好感を持ってくれる異性と遭遇することになるものです。

こんなことをいう人がいます。世界中を旅していると、1カ国くらい「おお、なんというイケメン（美人）！」という熱いまなざしを自分に向けてくれる人が大勢いる国があるというのです。国によって美意識、美的感覚はさまざま、イケメン、美人の定義もいろいろだということですね。

それは人についてもいえることでしょう。これにもピッタリのことわざがあります。

「蓼《たで》食う虫も好き好き」

仮に容姿、性格、境遇に〝難〟があったとしても、自分を好きになってくれる人がいないはずはないのです。

〝もの好きな虫〟に出会うための、一番効果のある方法は、出会いの機会を増やすことです。このことに異論を唱える人はいないでしょう。

しかも、もっともラクで、手っ取り早いのがそれなのです。自分を高めるために努力するのがいいのは確かですが、これは一朝一夕《いっちょういっせき》にはいきません。**一方、出会いの機会を増やすことは、現在の素のままの自分でできますし、功を奏したら、素のままの自分を好きになってくれる人と出会えるのです。**

たとえば、口が悪くてなかなか恋人ができない人が、それを改めるのはなかなかに大変です。しかし、異性の中には小気味よい毒舌が好きだという人もいる。出会いのチャンスを増やして、そんな人を見つけるほうが、身についてしまっている口の悪さを改善するより、はるかにラクなのではありませんか？

確率論からいっても、断然、そちらに分があると思うのですが、みなさんはどうお考えでしょうか。

恋愛は満点ではなく、合格点でよしとする

異性と出会い、付き合うようになって、いい関係になっても、それがずっと続くとはかぎりません。ですから、「恋人同士の間柄になっても、どういうわけか長続きしない」といった悩みを抱えている人もいるかもしれません。

そのタイプには共通項があるような気がします。お互いに心から相手を思い合い、いい関係にあるときは、その熱い思いが冷めることはない、という気がするものです。

しかし、人の心は移ろいやすいのです。熱く燃え上がることがあるのと同様、〝そのとき〟が嘘《うそ》のように気持ちが冷めてしまうこともあるわけです。恋愛が長続きしない

人は、それがわかっていないない、もしくは、それを受け容れがたいところがあるのではないでしょうか。

お互いの思いが最高潮にあるときを〝満点〟とすれば、常に相手にその満点を求めてしまう。しかし、それは無理な話です。最高潮に達した熱い思いは、早さの違いこそあれ、冷めてくるのが必然なのです。それは行動にもあらわれます。

毎日くれていた電話の回数がだんだん減ってきた。かゆいところに手が届くほどだった細やかな心遣いがあまり見られなくなった。やさしさが薄らいできた。デートの時間に遅刻するようになった……。すべて満点からの減点材料ですが、恋愛の中ではどれもが「ある、ある」です。

つまり、そうした必ず起こる変化を理解せず、要求水準がいつまでも満点にあるから、不満や不安が湧いてきて、悩まされることにもなるのです。

減点があってしかるべし、と受けとめていれば、相手をもっと寛容に受け容れられます。ロマンチックであるはずの恋愛を語るには、あまり適切な表現ではないかもしれませんが、「まあ、こんなものだろう」「この程度の減点だったら、まだまだいいほうだよね」といった、〝合格点でＯＫ〟とする受けとめ方がいいさじ加減といえます。それはそのまま恋愛を長続きさせるコツでもあるのです。

結婚についても同じことがいえます。

恋愛結婚と見合い結婚を比べると、離婚率は見合い結婚のほうがはるかに低い。前者は沸点までいった熱い思いを持って結婚生活に入るのに対して、後者はそこまでの熱さはありません。

現実の結婚生活は似たようなものですから、温度差は恋愛結婚のほうが大きいわけです。その温度差を受け容れられなくて、戸惑い、悩むことになり、恋愛結婚組は離婚する確率が高くなるのです。

満点を求めて悩むか、合格点を受け容れて相手との関係を保つか。恋愛（結婚）をしている当事者にはその選択が迫られます。

自分の中の原因を探れば、改善策が見つかる

いまは昔に比べて、離婚するカップルが増えています。厚生労働省が発表した「令和3年（2021）人口動態統計（確定数）の概況」によれば、日本における離婚率（人口1000人あたりの離婚件数）は1・50。婚姻率（人口1000人あたりの婚姻件数）が4・1であることから考えると、3組に1組以上が離婚しているということになります。

スピード離婚という言葉もあるように、結婚生活への見切りをつけることにためらいがなくなっているのでしょう。

もちろん、意に染まない結婚生活をひたすら我慢して継続するより、お互いに新たな道を選ぶのはいいことだと思いますが、何度も離婚してしまうというのは、やは

り、問題なしとはいえないでしょう。

しかし、そこで、「どうして私、いつも、いつも、ロクでもない相手に当たってしまうの？」と悩むのはちょっと待ってください。

離婚原因は夫と妻双方にあるもの。どちらか一方にすべての原因があるというケースもないわけではありませんが、数からしたら少ないのではないでしょうか。

それに、相手に一方的に離婚原因があるとすれば、そんな相手を何度も選んでしまった自分に、異性を〝見る目がない〟ということにもなります。

「離婚を繰り返してしまう自分にどこか問題があるのではないか？」というのが、解決につながる悩み方です。

自分の中に原因を探る。すると、金銭にだらしがない、相手を傷つける言動（モラハラ、暴力etc.）をしてしまう、浮気癖が治らない……というように、必ず反省点が見つかります。

思いあたる原因が見つかったら動く。すなわち、できるかぎりその改善に努めることです。

自分の側にある原因を放置したままでは、離婚を繰り返すことになる確率は下がりません。

また、「金銭、言動はなんとか改善できそうだけれど、浮気癖だけはどうにもならない」という人もいるかもしれませんが、その場合は結婚そのものを見直す必要がありますね。

ひとまず、結婚はしないで、お互いがパートナーとして一緒に暮らす形をとるといったことも、結婚しない一つの形でしょう。海外にはそういうケースがたくさんあります。

籍を入れるから離婚ということになって、煩雑《はんざつ》な手続きも必要になるのです。パートナーシップの解消なら、手続き上も気持ちのうえでもずっと負担は軽くなりますし、籍が汚れることもありません。

なお、結婚にどうしてもこだわりがあるのなら、次の結婚は「これで年貢《ねんぐ》の納めどき」という揺るぎない気持ちになってから踏み出すことをおすすめします。

結婚できないのは思い込みのせい

いまは「結婚したくない」という人がかなりの割合にのぼるようですが、一方で「したくてもできない」という悩みを持つ人も、少なくないのではないでしょうか。その理由として一番にあげられるのは、男性の場合は、やはり、経済的な問題でしょう。非正規社員が増えているという、労働形態の変化が主にそれをもたらしているわけですが、**本当のところをいえば、経済力のなさはそれほど結婚の障害にならない、という気がするのです。思い込みがそれを障害にさせている。**

時代は変わったとはいえ、男性はまだまだ、伝統的な結婚観に支配されている面があるのではないでしょうか。

「男たるもの、家族を食わせて、養ってなんぼだ」というのがそれです。

しかし、いまは男性よりずっと経済力のある女性も珍しくはありません。そうした女性たちは結婚しても、仕事から離れ、家庭に入るつもりは毛頭ないはずです。彼女たちにとって、経済力はないけれど、家事には長《た》けているという男性は、実は理想の結婚相手。事実、「主夫」へのニーズは日に日に高まっています。

家事がこなせて、妻を一家の大黒柱として支える気概とやさしさのある男性は、古びた沽券《こけん》などにこだわらないで、その道をいけばいい、と私は思っています。

家事も育児もソツなくこなし、妻を後顧《こうこ》の憂《うれ》いなく仕事の場に送り出せる。それも〝立派な男〟です。

「仕事はしんどいけれど、家事をするのは楽しい」という男性もいるはずです。だったら、思い込みは捨てて、堂々と主夫宣言をしたらいいではないですか。

すでにお話ししましたが、人間は長所を伸ばすために、悩み、努力するほうが効率的だし、自分自身のストレスも少ないのです。

経済力がないことで結婚をためらっている男性は、会社で上司にガミガミいわれながら辛抱して仕事をするのと、少々妻に主導権を握られても楽しく家事をするのと、どちらが自分にとって悩みが少ない生き方か、じっくり考えてみてはどうでしょうか。

「よし、主夫でいくか！」

そう腹を括ってしまえば、前述したように、そんな男性を理想とする女性は少なくないのです。

あとは確率論にしたがって〝数を撃つ〟。それで、結婚をグンと手元に引き寄せることができます。

逃げられるか、逃げられないかを判断する

ビジネスパーソンは少なくても一日の3分の1の時間は職場に身を置いています。

ですから、そこで人間関係の悩みを抱えると、それは深いものとならざるを得ません。

職場の悩みの最たるものは、上司との関係がうまくいかないことでしょう。

上司によるパワハラ、セクハラはその典型ですが、上司が正当な仕事の評価をしてくれない、ほかの社員を依怙贔屓《えこひいき》している、上司に便利屋として使われている、といった状況も悩みの種になりそうです。

ここで、そうした悩みを解決するうえで重要なことがあります。それは、その悩みから逃げられるのか、逃げられないのかを判断すること。**なぜなら、本当は逃げられるのに、逃げられないと思っていることが少なくないからです。**

その視点で見れば、職場の人間関係の悩みは、どんなことであれ、本当は「逃げられる」ものでしょう。最終的には辞めればいい。解決策がそこにあることを心得ておくことが大事なのです。

ところが、案外、そのことは見落とされがちです。その結果、悩み続けることになります。すなわち、セクハラやパワハラを受けている場合、どうやってそれに耐えるか、ということばかりを考えてしまっているわけです。

いまはそれらを訴え出るセクションを設けている会社もありますし、公的機関に訴えることもできるわけですが、なかなかそういう行動に踏み切れないケースが多いのだと思います。自分の中に「逃げる」という選択肢が想定されていないからです。

会社に居続けることが前提になったら、「訴えたりしたら、余計ひどい目に遭うんじゃないか」「周囲にセクハラをされていたなんて知られたら恥ずかしい」といった思いが先に立ちます。だから、悩んでばかりいて動けなくなるのです。

しかし、「逃げる」ことが視野に入っていたら、気持ちはずいぶん違ったものになりませんか？

「最後は会社とおさらばする手がある！」

これは大きな強みです。行動を促すバネにもなるでしょう。

繰り返しになりますが、行動につながる悩みは解決への道を切り開くのです。思いきって訴えてみたら、こちらの言い分が全面的に認められるかもしれないし、配置転換を申し出たら、あっさり受け容れられるかもしれないのです。

また、会社には定期的な人事異動がありますから、いつまでもその上司との関係が続くわけではありません。それを見越して、しばらく耐えるにしても、「逃げ場がない」というギリギリの思いで耐えるのと、「いつでも逃げられる」と余裕を持って耐えるのとでは、気持ちが天と地ほども違うでしょう。

誰にでも「逃げる」という伝家の宝刀があるのです。それを心にとめておけば、どんな悩みにも積極果敢に向き合えるでしょう。

友人関係も「去るもの追わず、くるもの拒まず」

人間の感情も、気持ちも、常に移り動いています。それが人間関係に影響することは、当たり前すぎるほどの道理です。誰でも腹の虫の居所が悪いときは、たとえ大切な友人に対してであっても、つっけんどんな態度をとったり、ぶっきらぼうな口の利き方をしたりすることはあるでしょう。

そんなことは織り込み済みで、友人関係というものは成立しているわけですから、そのときは、少し気まずい空気が流れても、時間が経てば自然に修復されるのが普通です。

しかし、場合によっては、言葉の行き違いや気持ちのすれ違いから亀裂が生まれ、関係が修復不能になってしまうことだってあるかもしれません。

また、こちらにそのつもりはなくても、相手が騙《だま》された、裏切られたと感じることもないとはいえません。そんなケースはもっとも友人関係の破綻《はたん》につながりやすいといえます。

大切な友人と距離ができてしまった、相手の態度が急に冷たくなった、こういった状況も悩まずにはいられないものでしょう。

ですから、腹を割った話し合いを求める、（こちらに非があるなら）詫《わ》びを入れる、といった行動をとることは必要です。しかし、**相手があることですから、それらが受け容れられないこともあるわけです。**

人間には相手が頑《かたくな》に拒《こば》めば拒むほど、なんとか受け容れてもらわなければ、という思いになるような面があります。それはわかったうえでいうのですが、拒否する気持ちを覆《くつがえ》すのは非常に難しいのです。

結局、悩ましさが増すだけです。逃げれば追いたがる、という言い方があるように、自分から誰かが離れていくとなると、「彼（彼女）しかいないのに……」という気持ちが高まるものなのです。しかし、それは完全に思い込みです。

友人のスペアなどいくらでもいる。それが真実ですし、現実でしょう。どんな〝親友〟であろうと、余人をもって代えがたいなんてことはないのです。そんなことをいうと身も蓋《ふた》もないと思いますか？

しかし、考えてみてください。中学生や高校生時代を振り返ってみて、それこそ、「彼（彼女）しか」と思った友人はいなかったでしょうか。では、いまもその友人との親しい、もっといえば親友同士にふさわしい交流は続いていますか？　おそらく、多くの人の答えは「Ｎｏ」でしょう。

30代、40代、50代になってからも友人関係を保っているのは、早くても高校時代以降に知り合った友人なのではないでしょうか。かつての親友とはすっかり疎遠になり、そのあとに築いた友人関係の中で人は生きているのです。

いま親しい友が離れていったとしても、これから新たな出会いがあり、十分その寂

しさを補ってくれる。そう考えていたら、喪失感に悩むこともありません。

「しかし、彼のように頼りになる存在はほかにいるわけがない」

「彼女ほど思いやりがある人とは二度と出会えっこない」

まだ、そう考えている人がいるかもしれませんね。断言しましょう。そんなことはありません。

ここで前に紹介したことわざを思い出してください。「下手な鉄砲も数撃ちゃ当たる」と。人と出会う機会を増やし、知り合った人とは積極的にかかわってみたらいいのです。

酒場で偶然隣り合わせになり、杯《さかずき》を酌《く》み交わしたことが縁で、肝胆相照《かんたんあいて》らす仲になったという例だって、決して珍しくはありません。

去ったものを追って、いつまでも悩んでいるより、くるものに広く心を開いて、どんどん動きましょう。

〝成功者〟をひがむ気持ちは取り越し苦労

長年、受験指導をしていて感じるのが、ママ友の関係の不可思議さです。同じように中学受験をする子どもを持つママたちは、日頃から情報交換をしたり、悩みを打ち明け合ったりして、親しく付き合っているように見えます。

それが一転するのは、受験の合否が決まったときです。そこで、明暗がはっきりするわけですが、それを境に付き合いがプッツリ途絶えることが少なくないのです。それも、不合格だった子どものママが離れていくケースがほとんどです。

あえて、勝ち組、負け組という表現を使いますが、負け組のほうから距離を置くようになるわけです。もちろん、わが子が受験に失敗したという悔しさや恥ずかしさもあるでしょうし、成功した側に対するひがみみたいなものもあるのは理解できないではありませんが、何もその一事でそれまで築いてきた関係をすべてご破算にすることはない、という気がするのです。

勝ち組のママには、負け組を見下したり、勝ったことを驕《おご》るふうもない。ですから、負け組が、「今回はダメだったけれど、よぉし、高校受験では巻き返すわよ」とでもさらりといえば、関係は続きます。

しかし、それができずに、自分から関係を断って、おそらくは、そのことで心も騒いでいるのでしょう。**どこか、独り相撲をとって勝手に悩んでいる、という印象が拭《ぬぐ》いきれません。**

お受験ママにかぎったことではないのです。たとえば、仲がよかった友人がすごい資産家と結婚したといったケースでも、自分からその人とかかわらなくなる、ということがあるのではないでしょうか。

「彼女はもう、私とは別の世界の人だから……」

そんな気持ちがあるのだと思いますが、資産家の妻になったという状況の変化はあっても、その人自体が変わったわけではないのです。しかし、こちらの心境を慮《おもんぱか》れば、資産家と結婚をした人からはアプローチしづらい。

いい生活を見せつけているなんて思われやしないか？　ひと足先に結婚してしまったことを快く思っていないのではないか？　結婚できないことを哀《あわ》れんでいる、などととられたりしたら？……そんなさまざまな思いが去来するからです。

明らかに考えすぎ、取り越し苦労なのですが、人間の心理とはそういうものでしょう。でも、そこで、こちらからひと言、「今度、豪邸を見に行くわ。おいしいものをたくさんご馳走《ちそう》してね」といった声をかけたら、懸念材料は払拭《ふっしょく》されて、以前よりもっといい関係にもなれるのです。

根拠もないのに別世界の人と決めつけて、モヤモヤした気持ちを引きずっているより、少々、度量のあるところを見せて、絆《きずな》を深めたほうがずっといい。みなさん、そう思いませんか？

人付き合いは性善説で考える

人間関係の悩みで一番きついのは、相手に騙されたケースでしょう。人と人の結びつきの基本は信頼ですから、相手にそれを踏みにじられたら、心の傷は当然大きくなるわけです。

「だから、人付き合いには慎重を期している」という人もいるでしょう。

もちろん、相手がどんな人間かを見極めることは大切です。

しかし、かなり深く付き合ってみないと、相手の本当の人間性はわからないものです。慎重さが悪いとはいいませんが、時にそこに落とし穴があることは知っておくべきでしょう。

これは社会心理学の分野でいわれていることですが、みなさんは、次の二つのタイプのうち、どちらが騙されやすいと思うでしょうか。

一つは、「人を見たら泥棒と思え」というタイプ。つまり、世の中によい人などいないのだから、まず、人は疑ってかかったほうがいいと思っている人ですね。

そして、もう一つは、「渡る世間に鬼はない」というタイプ。こちらは、世の中、そうそう悪い人はいないのだから、誰とでもフランクに付き合えばいいじゃないか、と思っている人です。

ごく常識的には、人付き合いを慎重にする前者のタイプのほうが騙されにくいように見えますよね。

ところが、そうではないのです。たしかに、慎重派はすぐには人間関係を結びません。声をかけられても、誘われても、〝拒絶する〟心がまず働きます。「もしかして、この人、泥棒（悪い人）では？」という思いが出発点にあるからです。

しかし、いったんその拒絶の障壁をくぐり抜けた人に対しては、きわめて脆《もろ》いのです。一気に防御網が取り外されて、ずるずると相手の意のままになってしまう、といったことになりかねない。

世間的にも、男性に対して臆病と思えるくらい堅いガードを固めていた女性が、とんでもない男に引っかかるという話はよくあるのではないでしょうか。

一方、人を受け容れるのに寛容な人は、人付き合いの経験も積むことになりますし、悪い人に出会った際には「普段付き合いのある人たちとは違う」という感覚が生じますから、防御網を幾重にも張ることができるのです。

気軽にお茶や食事には付き合っても、相手がそれ以上のことを求めてきたら、「ごめんなさい。そのつもりはないんです」とはっきりいえる。**自分の意志で人付き合いの〝深度〟を調整することができるわけです。**

人間関係で深く悩まされるのがどちらのタイプかは、いうまでもありませんね。

もちろん、どんな人付き合いをするかは、持って生まれた性格や気質といったものの影響を色濃く受けますから、一人ひとり個人差があって当然です。

ただし、慎重さは必ずしも、人間関係に悩まないための〝万能薬〟ではない、ということは頭に入れておいたほうがいいでしょう。

第4章

「解決できないこと」を認めれば、改善策が見つかる

解決できないということを前提にする

人間関係の悩みの中でもっとも厄介なものの一つは家族に関するものでしょう。夫婦は離婚をすればかかわりは断たれますが、親子の縁は切ることができません。その意味では逃げられないわけです。

親子間でいえば、今後ますます高齢化が進むこともあって、親の介護の問題で悩むケースが増えてくるのは確実です。すでに介護離職が社会問題として大きく取り上げられています。また、子どもたちに目を転じれば、不登校や引きこもり、家庭内暴力や非行といった問題が変わらず親を悩ませています。

それらの問題と向き合うときに重要なポイントになるのは、解決できないことを前提に悩むということです。

もちろん、解決に向けてさまざまな取り組みや動きをするのは当然です。しかし、手を尽くしても解決できないことはあります。

そのときに、「やるだけやったけれど、どうにもならない」と鬱々《うつうつ》として悩むのではなく、それでも何かできることはないか、というふうに悩む。それが、解決できないことを前提にして悩むということです。すると、やるべきことが見えてきます。

一番望ましい解決は難しくても、その状況でのベターな解決のために、一歩を踏み出すことができるのです。そのことを頭に入れていただいたうえで、具体的な問題について考えていくことにしましょう。

相手の行動よりも自分の行動を変える

夫婦関係の悩みで一番切実なのは、ＤＶ（ドメスティック・バイオレンス）ではないでしょうか。いわれのない肉体的・精神的苦痛を受けるわけですし、場合によっては命にかかわることだってあるからです。

私たち精神科医は、さまざまな夫婦の問題について相談を受けることがありますし、カウンセリングやアドバイスもします。ただ、カウンセリング中に「離婚されたほうがいいですよ」とは原則としていいません。カウンセリング中は精神的に不安定になることが多いうえ、最終的に本人が結論を出すことが原則だからです。

しかしながら、DVへの対応の基本は、やはり相手から「離れる」ことです。なぜなら、相手のDVが治る確率はきわめて低いから。事実、「もう二度としません」と言質《げんち》をとっても、土下座までして詫びてもらっても、それまでと同じ暮らしを続けていると、必ずといっていいほど、〝再発〟します。

DVという行為をやめさせる方向での解決は、まず、期待できないのです。そのため、この問題だけは、離婚を前提に離れることを勧めます。

ですから、DVを受けている人は、〝解決できない〟という前提で、どうするかを悩む（考える）ことが必要です。

ところが、普通に考えれば、DVは治らないのだから、すぐにも相手から離れるという結論にいたりそうなものですが、これがなかなか一筋縄ではいきません。

トラウマ理論で「サレンダー（降伏）状態」というのですが、暴力を受けている間に、相手をある種理想化してしまうことがあります。殴られるのは自分がいたらないからだとか、悪いからだという思いになって、そんな自分を正すために、相手は暴力をふるってくれている、と考えてしまうのです。

そんな状態にある人は、なかば強制的にシェルターに入ってもらうことがあります。シェルターには同じような境遇の人たちがいますから、その人たちと触れ合うことで、冷静さを取り戻し、自ら離れようという結論に達してもらおうとするわけです。

ここまでいくケースはかなり特殊だといえますが、一般的にはこんなことがいえるかもしれません。**相手をどうにかしようと悩んでも、問題は解決されない。そうではなく、自分がどうするかを悩むことによって問題は解決する。**

DVのケースでいうならば、「DVをやめてほしい」というのは、DVをふるう相手をどうにかしようとすることです。しかし、被害者や周囲がどう働きかけてもDVは治りません（例外はありますが……）。つまり、問題は解決されないのです。

一方、自分がどうするかを悩めば、相手から離れるという決断にもつながるでしょう。最終的に離れればDVを受けることはなくなるわけですから、問題は解決されることになります。

悩みを認めれば、解決できる悩みが出てくる

最近はイクメンという言葉も一般化し、育児参加、家事参加に積極的な夫が増えました。とはいえ、結婚生活も長くなってくると、夫が家庭をまったく顧《かえり》みなくなるというケースも少なくないと聞きます。

高度成長期には日本のビジネスパーソンの働きぶりが「猛烈社員」と欧米から揶揄《やゆ》されたことがあります。その当時、猛烈社員である夫が家庭で口にする言葉は「メシ」

「フロ」「ネル」の三つしかないという言い方がされました。

家庭内でロクな会話もない。子どもの教育にも無関心。何かを相談しても、「好きにしたらいいだろう」……。当時さながらのそんな夫と暮らしている妻には不満が募るでしょうし、少しは家庭を振り向いてくれる夫になってほしいと悩みもするでしょう。

そこで、対話を求めたり、少し過激に夫をなじったりすることになるかもしれません。もちろん、それはいいのです。その妻のアクションに応えて、夫が変われば、悩みは解決されます。

しかし、妻がいくら対話を求めても聞く耳を持たない、どんな対応にも応えようとしない、という夫であったら、妻の不満もストレスも増し、悩みは深まることになるでしょう。ならば、そろそろ夫を変えようとして悩むのは、打ち切りどきです。いくらそれを続けても問題は解決されません。

夫が変わらないという前提で、自分がどうするかを悩む。その方向に舵《かじ》を切るのです。すると、いくつかなすべきことが見えてくるはずです。

たとえば、家庭外に友人関係を築いて対話を楽しむようにする。

学生時代の友人と旧交を温めるのもいいでしょうし、隣人に積極的にアプローチして、いわゆるお茶飲み友だちになるのもいい。仮に週に一度でもそういう機会を持つようにすると、気持ちは格段に晴れるものです。

あえて誤解を恐れずいえば、異性の友人をつくって、たまにお茶を飲んだり、食事をすることだって、あってもいいのではないでしょうか。

越えてはいけない一線というものはあると思いますが、それを踏まえたうえでなら、自分に振り向かない夫のことを悩む妻が、家庭の外で心弾む時間を持つことは許容範囲内でしょう。

家庭を顧みないということの中には、生活費を入れてくれないということも含まれますね。しかし、夫が「自分が稼いだ金を自分が好きなように使ってどこが悪い」と開き直っているタイプだとしたら、その金銭感覚を変えるのはほぼ不可能です。

このケースでは自分がお金を稼ぐことを考える、どうすれば自分の稼ぎで生活を維持できるかを悩む、ということになるのだと思いますが、それが難しければ、夫に見切りをつけ、離婚に踏み切るという選択肢もあるわけです。

いずれにしても、解決の見えない悩みに翻弄《ほんろう》されることはなくなります。解決を求める悩み方になるのです。

子どものことで悩むよりも、自分のことで悩む

自分の子どもには、地に足をしっかりつけた堅実な人生を歩んでほしい。それが、一般的な親心というものでしょう。勉強しなさい、と口を酸っぱくして子どもにいうのも、もちろん子どものためを思ってのことです。

しかし、親心はおいそれとは子どもには伝わりません。そこで、いくらいっても勉強しないことが親の悩みになります。この悩みも、悩めば悩むほど煮詰まってくる。出口が見出せないのです。

こうしたケースで精神科医としてアドバイスするのは、子どものことはいったん脇

に措《お》いて、親自身のことを悩みましょう、ということです。

つまり、子どもがそのまま勉強せずに育った場合を前提にした悩み方をするのです。

勉強をしなければ進学はおぼつかないかもしれないし、将来、ロクな職業につけないかもしれません。まっとうな生き方ができないことも、十分に想定されるわけです。当然、老後になっても子どものサポートなど期待できない……。

そうであるなら、その状況の中で親自身がどう生活を支え、どんな生き方をしていくかを悩むことです。

たとえば、早い段階から老後資金を貯めるとか、将来、家賃の負担がないように、マイホームを手に入れる算段をするとか、なんらかの資産運用をするとか。これなら、具体的に行動するための悩みになりますね。

子どもに勉強させるために、塾に入れたり、家庭教師をつけたりして、費用をかけても、子どもは塾をサボるかもしれないし、家庭教師の指導もちゃらんぽらんにしか聞かないかもしれません。

そこにお金をつぎ込んだばかりに、親自身の将来設計のメドが立たなくなったら、あるいは、将来の生活が台なしになったら、悩んだあげくに、子どもも親も共倒れということになりませんか？

もちろん、これは極論かもしれません。

しかし、悩み方が人生を誤らせることもあるのです。

このケースもそうですが、**自分がいまとらわれている悩みが、解決につながる建設的なものなのか、解決不能だから別の悩みにシフトすべきものなのか、その検証は怠《おこた》らないでください。**

親の介護問題も、答えが出る悩み方がある

年老いた親の介護は、誰もが避けて通れないものです。

育ててもらった恩義を感じているかどうかはともかく、一人では生活できなくなっ

た親がいたら、放っておくわけにはいかないのが、子どもの立場、というものでしょう。

しかも、日本人には自分で何もかも背負い込むという気質がどこかあるようです。それを証明するかのように、担いきれなくなった介護が原因となった、痛ましい事件や事故がしばしば報じられています。

親の介護に関連する悩みも、「なんとしても面倒を見なければ」という義務感を自分の内に抱えた悩み方をしていると、にっちもさっちもいかなくなります。それこそ、心身にわたる負担が限界を超えても、「頑張れない自分が、情けない、不甲斐ない」ということになったりするのです。

もっと、視野を広げて、自分が親の介護にどうまくかかわっていくかを悩むべきでしょう。

日本には介護保険がありますから、それをいかに効率よく、有効に使うか。また、介護費用はどの程度かかるか、それをどう工面するか、施設にはどのようなものがあって、入所するにはどんな手続きが必要か、その費用はどのくらいのものなのか……。

それらはどれも「答え」が出るものです。

答えが出れば、次の動きもとれます。

たとえば、それまで付きっ切りで介護していた人が、デイサービスがあることを知り、週に2回なり、3回なり、そのサービスを受けるようにする、といった新たな動きができるようになるわけです。それで介護の負担は大きく軽減されます。それはそのまま、問題の一定の解決ですね。

認知症の問題も重くのしかかってきそうです。

しかし、それも、「あんなにしっかりしていた人が、こんなふうになってしまって……」と悩んでいても、思いは行き詰まるばかりです。

認知症は、いまのところ、進行速度を遅くすることはできても、治癒《ちゆ》も改善も望めない病気です。**だったら、その治らない親とどう付き合うかを悩むしかないではありませんか。**

たとえば、認知症についての正しい知識を学ぶ。認知症にはさまざまな症状がありますが、それらを知っておけば、突然、親が思いもかけない行動をとっても、「これも症状の一つだ」と受けとめることができ、慌《あわ》てたり、うろたえたり、そのことについて悩むこともないのです。介護のやり方でよくなる症状・よくならない症状があることを知っておくのもいいでしょう。

また、知識があれば、プロの手を借りるという選択肢も視野に入るでしょう。介護福祉士、ホームヘルパーなど、介護のプロの手際は素人《しろうと》とは比べものになりません。

もちろん、費用との兼ね合いということはありますが、介護保険を使えば、1割や2割（3割のことも時にありますが）の負担で済みます。介護の一部をプロにまかせることは、自分の負担軽減にもなりますし、認知症の本人にとっても、心地よい介護を受けられるということでもあるのです。

さらにいえば、目が離せない、仕事をどうしてもやめられないという場合は、施設介護も選択肢として当然入ってきます。

老後の親の世話も、認知症の介護も、〝全方位〟を見渡して悩むことです。

情報が自分に合うか試してみる

　インターネットやSNSの普及がめざましいとはいえ、いまだ新聞、テレビなどのマスメディアは力を持っています。そして、それらの媒体は人を悩ますことに一役も二役も買っています。

　健康に関する情報一つをとっても、かつてはバターの代わりにマーガリンを使え、ということがさかんにいわれたわけですが、いま、マーガリンは諸悪の根源の食品みたいな扱いになっています。当時の情報を信じてマーガリンを使い続けてきた人はたまったものではありません。

「10年間も〝悪のきわみ〟の食品を身体に取り入れてきてしまって、この先どんな弊害が起こるのか、心配で仕方がない」

そんな悩みを持つ人がいても当然でしょう。

特にテレビは話題性を重んじますから、たとえば、健康法でも話題になりそうなものを〝決定版〟のように報じます。視聴者を信じさせるしかけを随所に施すのです。

そのしかけの一つが、いわゆる専門家のコメントです。

私もある健康番組に何度か駆り出されたことがあります。テーマは認知症の予防法だったのですが、1週目、2週目は、私がそれ以前に雑誌に書いた内容についてコメントする番組の構成でした。

ところが、3週目の打ち合わせのとき、放送作家がある健康雑誌を持ってきて、「この内容をしゃべってください」というのです。読んでみると、私の考えとは違います。「これはコメントできません」――そう答えるしかないでしょう。その結果、この番組からは二度とお呼びがかからなくなりました。

テレビが伝える情報とはその程度のものです。

つまり、ディレクターなり、放送作家なり、番組の制作者側が、あまたある健康法の中から、絵になるもの、視聴者の興味を惹きそうなものを恣意《しい》的に選び、まるでそれが最高の健康法であるかのように、巧みに肉付けして送り出しているにすぎないのです。

そのしくみを知らないと、視聴者はその健康法の〝信者〟になりかねません。熱心にそれに取り組むことになるわけです。

しかし、万人に効果がある健康法などあるはずもないわけですから、いっこうに効果が見られないことも、当然ながら起こります。それが悩みにもなるのです。

「一生懸命取り組んでいるのに、ちっとも痩《や》せない（健康にならない）なんて、やり方が間違っている？　それともどこか自分だけに欠陥があるの？」という具合です。

いくらテレビが権威付けをしようと、情報はあくまで「One of Them」でしかないのです。これは絶対に押さえておく必要があります。そうすれば、効果がなくても、「たまたま、私には合っていないのだ」と受けとめられますから、悔やむこともないし、悩みにつながることもありません。

私も医師ですから、健康法やサプリメントなどについてコメントを求められることがあります。先方が〝推薦の弁〟がほしいことはわかっていますが、私の答えはこうです。

「いい（自分に合っている）と感じる人もいるでしょうし、そうでない（合っていない）と感じる人もいるでしょうね」

相手は怪訝《けげん》そうな表情を浮かべますが、それが正直なコメントです。

テレビと違ってインターネットでは、さまざまな情報が発信されます。それがネットメディアの特徴ですし、取り柄といってもいいところだと思います。

ですから、いろいろな考え方があるな、いろいろなやり方があるな、というスタンスで見るのが、ネットメディアを活用する基本でしょう。

少し距離を置いて情報を受けとめ、自分が興味をそそられるもの、自分にふさわしいと思われるものがあったら、それについては改めて詳しい情報を集めてみるのがいいですね。

わからないときは実験する

前項でも触れましたが、自分がゲットした情報が正しいか、正しくないか、自分に合っているか、合っていないかはわからないものです。イスラム教などの発想では、わからないのだから、運命（神の思し召し）にまかせようということになるわけですが、これは一般的とはいえません。

そこで出てくるのが、わからないなら実験してみる、という発想です。

たとえば、身体にいいとされるサプリにしろ、食品にしろ、実際に試してみる。その結果、体調がよくなったり、不調だったところが改善したら、続ければいいのです。逆に試してみたら下痢《げり》をしてしまったとか、蕁麻疹《じんましん》が出たとか、よくない変化があったら、やめればいい。**人は個人で体質も違いますし、心理的な要因も〝実験結果〟**

に影響しますから、試してみないことにはわからないのです。

医師が患者さんに薬を処方する場合も考え方は同じです。

患者さんが頭痛を訴えている場合でも、頭痛の種類によって効く薬は違います。肩こりからくる筋緊張性頭痛であれば、筋肉をやわらかくする薬がいいし、偏頭痛ならそれ用の特効薬があります。医師は頭痛がどのタイプかを見極めながら、一番効くと思われる薬を処方するわけです。

しかし、当然、診《み》たてが違うということもある。その場合は、別の薬に切り替えて様子を見ます。**そのように〝試して、結果を見る〟ということを繰り返しながら、一番有効な薬を見つけていくのです。**

ただし、医師のすべてがこの手法をとっているわけではありません。最初に処方した薬に意固地にこだわり、「これが効くはずだから、続けてください」というケースも、現実にはあるわけです。

患者さんとしては、薬をいくつも変えられると、「この先生、大丈夫？」という感じを持つかもしれませんが、実は患者さんと真摯《しんし》に向き合ったら、そういうことにならざるを得ないのです。

生きているかぎり試してみることができる

人生も先のことはわかりません。だから、試してみることが必要です。生きていれば何でも試してみることができます。私は、生きる意味は、案外、そんなところにあるのではないか、と思っています。

「何のために生きているかわからない」

誰でも一度くらいは生きることの意味を考えることがあるのではないでしょうか。

もし、私がそう問いかけられたら、こんな答えをします。

「何のために生きているかなんて、誰にもわからないと思うよ。ただ、生きていたらいろいろ試してみることができる。試してみたらいいことがあるかもしれないじゃないか。そうだとしたら、長生きしたほうがいいってことにならない？」

具体的な話をしましょう。パートナーができないという悩みを持つ人がいるとします。

しかし、そこで、「恋人がいない人生なんてつまらない。こんなことじゃ生きていたって……」と自ら人生に幕を下ろしてしまったら、パートナーができないままの人生になってしまいます。

しかし、これから10年間、月に一人ずつアタックしたら、１２０人のパートナー候補の人に対して〝試す〟ことができます。

その中にこちらに好意を持ってくれる相手がいる可能性は、決して低いものではないはずです。

人生に打率は関係ないのです。１２０打数1安打。１２０回試してみて、一人素敵なパートナーができたら、それで幸せではないですか。

何も高打率をめざす必要はありません。草食になって尻込みしないでどんどん試せばいいのです。

「そうはいっても、フラれるのは精神的にもしんどい。それが悩みにもなってしまうと思うし……」という人もいるかもしれません。

たしかに、フラれたら少しはへこむでしょう。しかし、拒絶されたとしても、多くの場合、相手はこちらに悪感情を持っていないのです。自分が誰かから好意を打ち明けられたときのことを考えてみてください。

相手がタイプでなかったとして、その人を嫌いになったり、疎《うと》んじたりするでしょうか。

思いを受け容れることはできなくても、そうはならないと思うのです。「好きだ」「愛している」といわれて、悪い気がする人はいません。

それどころか、受け容れられないことを、多少は申し訳なく思うのが人間でしょう。嫌悪感を持つとしたら、拒絶したにもかかわらず、いつまでも付きまとってくるとか、ストーカー行為に及ぶといった場合です。

しかも、思いを伝えることで可能性の〝芽〟が出てくることもあるのです。何の行動も起こさないときには、眼中にないという人でも、「付き合ってください」といわれたらどうでしょう。

そのときは、「ごめんなさい」でも、少なくとも、眼中には入ってきます。つまり、意識する存在になる。

その意識が、いったんは断ったけれど、時間が経ち、よくよく考えてみて、あるいは、彼氏や彼女と別れたとしたら、受け容れてもいいな、という気持ちに変わることもないわけではありません。

アプローチのやり方や限度はありますが、フラれても好意を持っていることを相手に感じさせ続けていたら、そうした〝心変わり〟は期待できるのです。

こう見てくると、一つ結論が出そうです。

フラれても損することなど何もない。はっきりいって、フラれることを恐れすぎだったのです。ここまでお話ししてきた、「フラれる」ということの実相をよく胸に刻んで、恐れを払拭しましょう。

プライドが傷つくのが恐いのは、自意識過剰

「告白して断られたら、そのあとの関係が気まずくなりませんか？」

よく聞く話です。

ただし、それはこちらがフラれたことに対して、意識過剰になっているからではないでしょうか。フラれた自分を意識するあまりに、相手に声をかけにくい、それまでのように普通に話せない、といったことになるのです。

繰り返しになりますが、告白されたほうは、たいがいの場合、こちらに悪い感情を持っていないし、むしろ、申し訳ないと思っているものです。

通常の付き合いのうえでは、気を遣ってくれることはあっても、避けたり、すげない態度をとったりすることはないはずです。気まずいと感じるのはこちらの勝手な思

い込みではないでしょうか。

意識過剰にさせるのはプライドです。フラれたら、多少なりともプライドは傷つくでしょうし、メンツを失うことにはなるでしょう。その「かっこ悪いな」という思いが、過剰に大きくなってしまうのです。

しかし、人間は所詮《しょせん》、そうかっこいいものではありませんし、かっこ悪いこともたくさんしながら生きているのです。

数あるかっこ悪さの中のたかが一つじゃないか、というくらいに考えたらどうでしょう。

意識が過剰になって、相手に対するふるまいが卑屈になったりすれば、可能性の〝芽〟を自らつみとることにもなる。フラれてなお、恬淡《てんたん》としていてこそ、芽もふくらむことになるのです。

第5章

「思いどおりにいかないこと」を認める

成功した人も、思いどおりの人生ではなかった

自分の生き方を考えてみて、まずまず、思いどおりになっているという人はどれほどいるでしょうか。おそらく、かなりの少数派だと思います。

大多数の人は思いどおりにならない生き方をしているのです。

ですから、「何かいつも思いどおりにいかないな。自分の生き方は間違っているのだろうか？」などと悩む必要はありません。

仕事一つとっても、思ったとおりの職業に就ける人は、そう多くはないでしょう。

しかし、だからといって成功者になれないわけではないのです。

以前、俳優・高倉健《たかくらけん》さんの特番をテレビでやっていて知ったのですが、高倉さんも、思ったとおりの職業に就けなかったクチだそうです。高倉さんは大学を出て就職試験

に失敗し、郷里の福岡に帰ります。しかし、思いたってまた上京し、めざしたのが美《み》空《そら》ひばりさんのマネージャーでした。

その面接をとある喫茶店で受けていたところ、たまたま、そこに居合わせた東映のプロデューサーに声をかけられ、高倉さんは東映のニューフェースになったのです。

その後の活躍ぶりはいうまでもないと思いますが、思いどおり最初の就職試験に合格していたら、さらに、思ったとおりに美空さんのマネージャーになっていたら、日本を代表する名優の誕生はなかったわけです。

何を成功とするかは一概にはいえないかもしれませんが、俳優・高倉健さんを成功者の列に加えても、それほど的外れではないでしょう。

経済界に目を転じても、思ったとおりにいかなかった成功者は少なくありません。日本最大のコンビニエンスストアチェーンであるセブン-イレブンの生みの親として知られる鈴木《すずき》敏文《としふみ》さんもその一人です。

もともとジャーナリスト志望だった鈴木さんは、新聞社を受験しますが不合格となり、書籍取次の東京出版販売株式会社（現・株式会社トーハン）に入社します。会社では出版科学研究所や広報部に籍を置き、無料配布していた冊子を有料化して、発行部数を5000部から13万部に伸ばすという業績を上げました。

その後、まだ数店舗しかなかったイトーヨーカ堂に移るわけですが、そこである程度成功してから目をつけたのが米国で注目され始めていたコンビニエンスストア事業でした。米国の事業者から手法を学んだ鈴木さんは、日本にコンビニエンスストアの第1号店を立ち上げ、大きく発展させたのです。

いまやコンビニエンスストアの市場規模は11兆円を超えています。思いどおりに就職できなかった鈴木さんの存在なしに、その繁栄を語ることはできません。

思いどおりにならないことを、当たり前だと思う

私自身も、思いどおりにならないことの連続でした。高校2年生までは文系志望で

したが、やりたいことも決められず、成績は低迷していました。そんな中、高校2年生のときに観た映画がきっかけで映画監督になろうと思いたちます。ところが、大手の映画会社すべてが助監督の採用試験をやめてしまったのです。

こうして従来の方法での映画監督への道は閉ざされたわけですが、当時は米国でスティーブン・スピルバーグやジョージ・ルーカスなど気鋭の若手が登場し、日本でも若い世代を中心に自主制作映画が次々につくられるようになった頃でした。

これからは映画会社のお抱えではなく、自分で映画をつくる時代になる。そう考えた私は、その資金を短期間で調達できると踏んで、医師になることを決めたのです。高校2年生のときのことを思えば、思いもよらない選択をしたわけです。

医学部の学生時代に資金が集まったので、16ミリの映画の制作に着手しました。これは、思いどおりだったのですが、〝自主〟の悲しさか、段取りが悪く、半分も撮らないうちに作業は頓挫《とんざ》。借金だけが残るという結果となりました。

そこで救いの手を差し伸べてくれたのが、以前から付き合いのあった編集者。私の窮状《きゅうじょう》を知って、雑誌のライターとして使ってくれるようになったのです。

高校時代はもちろん、医学生になってからも、ものを書くことになるなんて、国語や作文が苦手だった私には思いもよらなかったことですが、それがきっかけとなって文筆業の世界に足を踏み入れることになり、現在でもそれは続いています。

このように、人生は、思ったとおりにならないこと、思いもよらないこと、思いがけないことの連続なのです。しかし、だからこそ面白いといえるのではないでしょうか。すべてが思ったとおりに運ぶだけの人生、既定路線を当たり前に歩く人生は、無味乾燥で味気ないものであると思うのです。

思いどおりにならないことを悩むのではなく、「それが当たり前なのだ」と受けとめ、さらには楽しんでしまいませんか?

先にあげた高倉さんや鈴木さんの例を見ても、思いどおりにならないことは、決して挫折などではなく、飛躍のためのステップ、チャンスのきっかけともなるのです。

大切なのは、思いどおりにならない状況に置かれたとき、腐ったり、嘆《なげ》いたり、いじけたりしないことです。いいことは必ず起きます。それを見逃さないことです。とにかくそこで一生懸命やってみるのです。

思い切りバットを振る。一生懸命やるとはそういうことです。仮にバットが空《くう》を切って三振に終わっても、見逃し三振よりはずっといい。振らないことには何も起きませんし、何も始まらないのです。振ればホームラン級のことが起きることだって、十分にあるのですから……。

自分のやったことの意味は、他人に決めてもらう

自分がやっていること、やったことの意味を確かめたい、という思いは誰にでもあるのでしょう。より正確にいえば、自分がやったことに意味があると感じたい、ということだと思います。

しかし、**意味のあるなしは他人が決めることです。**

たとえば、作家が小説を書いたとき、それを面白いとか、意味深い作品だとか、と

評価するのは読者でしょう。

作家自身は、たぶん、どの作品も面白くて、意味深いと思っている。まあ、売れっ子の作家の中には、忙しくてちょっと手を抜いたな、という自覚があるのかもしれませんが、ほとんどの作家はそうだと思います。

しかし、書き上げた時点で作品は作家の手を離れ、その価値や意味の有無は読者に委《ゆだ》ねるしかなくなるのです。読者が、価値なし、意味なし、と決めれば、本人の思いがどうであっても、世間からはその評価が定着します。

そうであったら、自分に「意味があるのか？　あったのか？」と問うても仕方がない、ということになりませんか？　誰でも自分がやったことには、少なからず意味があると思っているものです。それでいいじゃないですか。

別の例をあげてみましょう。みなさんが街でラーメン店に入って、とてつもなくまずいラーメンを出されたとします。

「おい、おい、何だよ、このラーメン。客に出す前に自分で味見くらいしろよ」

そんな思いになるかもしれない。しかし、おそらくは店主はしっかり味見をしているのです。そのうえで、〝うまい〟と思って客に提供している。つまり、自分がつくるラーメンは客にとって価値あるものだし、自分がラーメンをつくることは意味がある、と思っているのです。そのことと、客がそれをどう評価するかは別問題です。

ここにも〝他人が決める〟という構図があります。世の中のしくみとはそうしたものです。

やったことの意味のある、なし、は他人様に委ねればいいのです。そこは、自分の悩みどころではありません。

どんな才能があるかなんて誰にもわからない

世の中には自分の才能を開花させ、存在を輝かせている人がいます。芸術やスポーツの世界では特に、才能がものをいうのでしょう。

もちろん、みなさんの周囲にも仕事のさまざまな分野で才能を発揮している人がいるはずです。

そんな人と自分を比べて、「才能？　自分にはそんなものあるのかな？」と暗い気持ちになることがあるかもしれません。**しかし、自分の才能がどこにあって、いつ花開くかなんて、誰にもわからないのです。**

ワインが好きな人は知っているかもしれませんが、米国にロバート・パーカーというワイン評論家がいます。彼はワインを点数（100点満点）で評価するのですが、パーカーポイントと呼ばれるその採点は、もっとも影響力があるとされ、世界中から注目されています。

しかし、パーカーはもともとソムリエでもなければ、ワイン業界の人間でもないのです。もとは弁護士。きっかけは彼が学生時代に始めたワイン会でした。高級品として名高いシャトー・マルゴーというボルドーワインを飲んだ、ある会でのことです。一同は、わくわくしながらシャトーの3世紀にわたる歴史の本を紐解《ひもと》き、偉大なる味わいに期待していました。

しかし、実際に味わったメンバーは押し黙ってしまうのです。

マルゴーといえば、ボルドーの名品です。メンバーから感嘆の声があがっても不思議はないわけですが、誰も言葉を発しようとしない。そこで、パーカーがいうのです。

「みんなのいいたいことはわかっている。〝まずい〟ってことだろう?」

メンバーの沈黙の意味はそれだったのです。

さらにパーカーはこう考えます。

「俺たちのようなワインの素人が飲んで、うまいか、まずいか、で点をつけてみたらどうだろう?」

こうしてパーカーポイントというものが生まれたのです。その評価は人々に喝采《かっさい》をもって受け容れられます。米国のワイン愛好家の間で「パーカーポイントでワインを選んだら間違いない」ということになったわけです。

しかし、反発も起きます。ワインの本場としての自負があるフランスで、パーカーは酷評されるのです。

「ワインのずぶの素人の評価などまったくアテにはならない」

フランスの評論家たちは、そう口をそろえました。

そんな中で、70年代から80年代にかけて、ボルドーのワインは不作が続きました。そして、迎えた82年。フランスの評論家はその年のワインに見向きもしなかったのですが、パーカーは、「今年はすごい年になるぞ!」と声をあげたのです。

事実、82年ものは45年、61年に続くグレートヴィンテージになりました。本場フランスの評論家は顔色なし、というところですが、このエピソードが物語っているのは、玄人《くろうと》であるワイン評論家を超えるすごい舌を、素人であるパーカーが持っていたということです。

パーカーにはワインの味、香りを感知するすぐれた才能があった。

しかし、その才能に彼自身も気づいてはいなかったのです。

メンバーが寄り集まってワインを飲む会を始めるということがあって、その機会を得て、才能は花開いたといっていいでしょう。

自分の才能はどこにあるのか、才能なんかないのではないか、と悩むのは時間の浪費です。

ふとしたきっかけで目覚めるのが才能です。

そして、早いか遅いかは別にして、いつかはきっかけに出会います。

能天気な生き方は得をする

超高齢社会になったいま、認知症に対する不安は高まる一方かもしれません。問題行動をしょっちゅう起こす認知症の人（実は認知症の大半の人はおとなしくなり、問題行動は少ないのですが）を抱えるのが、どれほど大変なことかは改めていうまでもないでしょう。周囲で介護をする人たちの身体的、また、精神的な負担は経験した人でなければわからないと思います。

それは十分に理解したうえでいうのですが、ある程度以上重い認知症になった本人は周囲が大変な思いをしていることがわからないわけですから、けっこう幸せではないかと思うのです。

もちろん、介護体制の整備を含めて、身内の負担を軽減するための施策は喫緊《きっきん》の課題です。また、人間の尊厳というテーマともかかわってくるのが認知症という病でしょう。

しかし、単純に死に方ということでいえば、自分ではわからないうちに命が尽きるわけですから、こんなに幸せなことはないともいえます。

認知症についてはこんな話を聞いたことがあります。

認知症になって老人ホームに入ったあるおばあちゃんは、それまで周囲に気を遣って真面目に生きてきたしっかりした人だったそうです。ところが、認知症になり、さまざまな周辺症状があらわれます。

そのおばあちゃんは疑い深くなり、自分のお金を誰かが盗《と》ったとか、夫が浮気をしているとか、何かにつけて疑念を募らせるばかりだったというのです。介護にあたる老人ホームのスタッフの苦労が偲《しの》ばれます。

一方、同じように認知症でホームに入ったおじいちゃんもいました。こちらは、浮気者の困った人のようで、奔放な人生を送ってきた人でした。まあ、能天気に生きてきたというタイプです。

その能天気ぶりはホームでも発揮され、スタッフにいたずらをすることも、たびたびだったといいます。しかし、スタッフの評は「憎めないおじいちゃんね」というものだったそうなのです。

認知症ですから本人に自覚はないわけですが、真面目に生きてきた人がどこか疎んじられ、能天気に生きてきた人がなかなかの〝人気者〟になるなんて、世の中不条理という気がしますが、実際、そういうことがあるようです。

認知症でどんな周辺症状があらわれるかは、各人各様ですから、一概にはいえませんが、そこにはそれまでの生きざまが反映されるということでしょうか。

真面目に生きることに異を唱えるつもりはもちろんありませんが、迷惑にならない程度なら、能天気な生き方も、案外、悪くないかもしれませんね。

見方を変えれば、「老い」にもよさがある

不老不死という言葉があります。古代中国の秦《しん》の始皇帝は不老不死の薬を求めたとされますが、永遠に若くありたいというのは、人類共通の願いなのかもしれません。

しかし、それが不可能なことも、また、誰もが知っています。年とともに衰えていく肉体、容色はいかんともしがたい。そのことはわかっていても、なかなか受け容れられない人も少なくないはずですし、それが悩みになっている人もいるでしょう。

これは、私の個人的な意見ですが、アンチエイジングという言葉がしきりにいわれるように、老いと戦うことは決して悪いことではないと思います。

顔のシワを伸ばす手術とか、髪の植毛とか、性ホルモンの投与とか、方法は多岐《たき》にわたりますが、それらを受けることで確かに若返るのです。

もちろん、アンチエイジングに対する批判もあります。年相応に老けるのが自然の流れなのだから、それに逆らうのは〝反則〟ではないか、というわけですね。このあたりは美容整形に対する批判に相通じるものがあるような気がします。

しかし、それまで鏡も見たくないと思っていた人が、シワが伸びた顔になったら、鏡を見るのが楽しくなるかもしれないし、気持ちだって若返るに違いありません。おしゃれにも気を使うようになるかもしれないし、出不精になっていたのが一転、うきうきと街に出るようにもなるでしょう。人との付き合いの輪が広がることもありそうです。

どれもみんな、生活を楽しくする、人生を明るくする変化です。しかも、病気に対する一般医学と同等かそれ以上に、老いと戦う医学のほうが、現状では発達しています。

だったら、その力を借りて若返りに挑むのは〝反則〟にはあたらないのではないでしょうか。老いを自然にまかせるのもいいし、老いと戦うのもいい、という柔軟な考え方が一番まっとうでしょう。

ただし、ある時期がきたら老いを受け容れることも大切です。老いの進み方にも、老いに対する考え方にも個人差がありますから、具体的に「○歳になったら」という言い方はできません。でも、誰にだって、「そろそろ爺《じい》さん（婆《ばあ》さん）としての自分を生きるとするか」という時期はくるのです。その感覚には抗《あらが》わないほうがいいですね。老いを受け容れる清々《すがすが》しさというものもあることを知ってください。

老いをなかなか受け容れられないのは、老いが〝よくないもの〟〝マイナスでしかないもの〟という捉え方をするからでしょう。しかし、若さとはまったく別の、年を経なければ醸《かも》し出すことができない、身につかないよさも老いにはあるのです。

ひょうひょうとした風情、余計なことは気にしない懐《ふところ》の深さ、つまらないことはさっと忘れるこだわりのなさ、ひと言にこもった言葉の重さ、といったものがそれです。もう亡くなりましたが、前衛美術家で作家でもあった赤瀬川原平《あかせがわげんぺい》さんはそれを「老人力」と呼びました。

実際、みなさんの周囲にも男女を問わず、〝素敵な老人〟がいるはずです。人生のいいお手本ではないでしょうか。

ぜひ、その人たちに学びましょう。

医学の過信は悩みのもと

人が一番気になっているのは、やはり、健康のことではないでしょうか。だから、それが悩みにもなるわけです。そして、少しでも悩みを軽くしようと、摂生《せっせい》に努めることになる。

ガンを恐れて定期健診を受ける。心筋梗塞《しんきんこうそく》や脳卒中の原因となる動脈硬化にならないために食事や生活習慣を改める。もちろん、健康に配慮することは大切です。

しかし、押さえておかなければいけないのは、現代医学はまだまだ発展途上の段階でしかないということです。

定期健診をすれば、たしかにガンを早期に発見できることもあります。しかし、ガンにならないようにはできません。

動脈硬化も摂生によって多少はなるのを遅らせることはできるでしょう。しかし、動脈硬化は遺伝的な要因が大きいですから、徹底的に摂生しても確実に防ぐことはできませんし、年齢を重ねれば、誰でも多かれ少なかれ動脈硬化が生じます。

肺ガンとタバコの関連はよくいわれることですが、タバコを吸わなくても肺ガンになる人もいれば、チェーンスモーカーでも肺ガンにならない人もいます。

つまり、健康に留意すれば、一定程度はリスクを減らせますが、リスクをゼロにするのは不可能だということ。きわめて当たり前のことです。

ところが、案外、それがわかっていない人が多いのです。**現代医学に頼っていれば、健康面は万全という錯覚にとらわれている。**医学に対する過信です。医師の指示をよく守るのも信頼感があるからでしょう。

たとえば、「血圧が高いから、この薬を飲んでください」といわれれば、律儀に服用を続ける。しかし、ある調査では次のような結果が出ているのです。

高血圧で薬を飲んでいる人と飲んでいない人の、6年後に脳卒中になる確率を比較したものですが、飲んでいる人が６％、飲んでいない人が10％だったというのです。薬を飲んで血圧を下げたところで、６％の人はわずか６年の間に脳卒中になるというわけです。

薬を飲むことで10％が６％になることは確かですから、飲まないよりは飲んだほうがいいとはいえますが、飲まなくても90％の人は脳卒中にならないことに焦点をあてれば、薬を絶対視するのは間違いだとわかります。

薬を飲むことによって、フラフラする、だるくなる、などの副作用があらわれるようであれば、４％ほど脳卒中のリスクが高くなっても、飲まないことを選択するという考え方もあるでしょう。

動脈硬化にしても、予防のために血圧やコレステロールを下げる薬を飲むわけですが、それも10年後、20年後に備えてという話です。

ただ、その20年間で医学は確実に進歩します。たとえば、ｉＰＳ細胞の研究、臨床が進めば、その頃には硬化した動脈の細胞をｉＰＳ細胞を用いて入れ替えることができるようになっているかもしれません。

そうなったら、薬を飲み続けてきたのは何のためだったのか、ということにもなるでしょう。

現状の医学でできるかぎりのことをする、という考え方はもっともですが、一方には気ままにやっていけばいいや、という考え方だってあっていいわけです。

そして、そのほうが悩みははるかに少ないでしょう。

イメージではなく、実態について考える

死に方の中で、「これだけはしたくない」と誰もが考えるのが〝孤独死〟ではないでしょうか。時折、メディアで報じられますが、そこでとりわけ強調されるのが、悲惨《ひさん》さやみじめさ、そして、寂しさです。

たしかに、誰にも看取られずに一生を終え、何日も経ってから発見される、という

死は、誰も望まないことのように思えます。

しかし、少し見方を変えると、孤独死はまったく違った姿にも映るのです。

孤独死は、そう易々とはできません。日本には介護保険がありますから、一人暮らしの人が高齢になって介護が必要な生活になったら、少なくとも週に2、3回はヘルパーさんがやってきて、食事の支度や掃除、身のまわりの世話をしてくれます。また、生活保護を受けていれば、定期的に担当者が巡回訪問にやってくる。

つまり、周囲にたくさんの見守る〝目〟があるわけです。その状況では孤独死ということにはなりませんね。

体調を壊していれば、病院に運んでくれたり、医師を呼んでくれたり、など適切な医療処置が施されるでしょう。ケガの場合も同様です。必要最小限の健康管理は周囲の手によっておこなわれるのです。

すなわち、孤独死するのは、そうした状況下にない人です。

要介護状態になっていない、生活保護を受けていない（この場合は時に訪問が少なければ孤独死になることもありますが）、というような、日常生活に支障がないくらいの体力があり、身体機能も備わっていて、経済的にも一応自立している人にこそ、孤独死の可能性はあるのです。

こうした人が、たとえば、心筋梗塞に突然襲われ、自分で救急車を呼ぶことができずに亡くなる、というのが孤独死の典型的なケースでしょう。

でも、考えてみれば、これはＰＰＫ（ピンピンコロリ）なのです。死ぬ直前まで元気でいて、周囲を煩《わずら》わすことなく死んでいく。このＰＰＫは、むしろ、望ましい死に方といえるのではないでしょうか。

孤独死という言葉からはマイナスイメージばかりが伝わってきますが、その実態はＰＰＫなのです。

もちろん、ＰＰＫでも家族や身内がそばにいて、看取ってくれるほうがいいでしょう。たった一人で死んでいくことが寂しく見えることも確かです。

しかし、本人にとってみれば、そんなことはさしたる問題ではありません。

長く寝たきりでいるより、周囲の手を借りて生活するより、孤独死のほうがずっといいという見方だってできるのです。

漠然と恐れずに、正しい知識を学ぶ

死についてあれこれ思い悩むようになるのは、やはり、人生が終盤にさしかかってからだと思います。

若い世代でも、「もし、いま自分が死んでしまったら、この先家族はどうなるのだろう?」と悩むことはあっても、どこか現実感が薄いというのが本当のところでしょう。

世の中がどれほど不確実でも、未来予測ができない時代でも、たった一つ確かなのは、人は１００％死ぬということです。そこで、必ず死ぬのだから、そのことを悩んでも仕方がないともいえますが、そんなふうにはなかなか達観できないのが人間です。

苦しいのは嫌だ、痛いのはかなわない、無残な死に方はしたくない……。さまざまな思いが湧いてきて、悩みに拍車をかけます。しかし、ラクということでいえば、苦しくもない、痛くもない、死に方がないわけではありません。

ガンにかかり、いっさい治療を受けないで死ぬ。意外なことに、それが一番ラクな死に方の一つなのです。

死因のトップはガンですが、それに次いで上位を占めるのは心疾患、脳血管疾患です。

たとえば、心筋梗塞は痛みが激しいですし、仮に回復したとしても、そのあとで、厳しい生活の管理をしなければならず、不自由な生活を強《し》いられます。

また、脳梗塞も身体にマヒが残ったりしますから、こちらも生活に大きな支障をきたすことになります。

一方、ガンにはひどい痛みに苦しめられるというイメージが確かにありますが、ガンが当初から痛みを伴う病気だとしたら、もっと早期発見ができているはずです。つまり、かなり進行するまで自覚症状がないのがガンなのです。

痛みを感じないから、発見されたときには手遅れということにもなるわけです。それに、末期の痛みはモルヒネなどでコントロールもできますから、痛みにのたうちまわって死を迎えるということもあまりないのです。

もちろん、どんな治療を受けるかは最終的には本人が選択すべきものですが、もし、手術も化学療法も受けないとすれば、死のかなり間際まで高いQOL（クオリティ・オブ・ライフ）が保たれるのがガンだといっていいでしょう。

治療を受けないほうが長生きできるとまではいいませんが、ラクに死ねるという点にかぎっていえば、ガンはほかの病気に比べて優位にあるといえるのです。

死についても知らないことが少なくありません。たとえば、餓死《がし》にはきわめて悲惨な死というイメージがありますが、実際のところは、案外、ラクな死に方のようです。もちろん、当初は激しいひもじさに襲われます。

しかし、一定の期間を過ぎると意識が遠のき、脱水症状になってそのまま絶命することになる。医療現場では、脱水症状になれば点滴をしますが、心臓の機能が弱っている状態で点滴をすると、血液の量が増え、肺などに水がたまりだします。いってみれば、溺《おぼ》れたような状態になるわけですから、これは非常に苦しいようです。

現実問題としてそれを選択するかどうかはともかく、点滴せずに脱水状態にまかせるほうが、本人は安らかに死を迎えられるとはいえそうです。

ガンの治療をするな、点滴は拒め、ということをいっているのではないのです。現在の医療でできるだけの手を尽くすことに反対するつもりもありません。

ただ、死に向かう苦しさや痛みについては、イメージが先行しすぎている。そのことにちょっと警鐘《けいしょう》を鳴らしたい。それが、〝過激な意見〟を承知で、ここまでお話ししてきた私の意図です。

死についてもう少し正しいことを知り、どのようにそれを迎えるか、その選択の幅を広げるという考え方もあっていいのではないでしょうか。

第6章

悩みにとらわれないための習慣

いつまでも悩まないよう、悩みに期限をつける

序章で手洗い強迫の人の話をしました。彼らはいつまでも手を洗うことをやめられません。その理由は手を洗い続ければ、いつかはすべてのバイ菌が洗い流せて、手が完璧にキレイになると思い込んでいるからです。

もちろん、そんなことはないわけですし、仮に手のバイ菌を完全に洗い流せたとしても、空気中にはバイ菌がうようよいますから、空気に触れた時点で〝努力〟はフイになってしまいます。

彼らに手をそこまでキレイにしたいわけを聞くと、「(バイ菌によって)病気になりたくない」といった答えが返ってきます。それならば、身体の免疫力を高めるようにするとか、感染症にかかったときのために抗生物質を準備しておくとか、ほかの方法

を講じればよいと思うのですが、彼らは際限なく手洗いにこだわる。それこそ、手がアカギレだらけになっているのに、洗い続けるのです。

通常なら、30秒も手を洗ったら、そこでやめるでしょう。意識はしていなくても、手洗いはここまでという〝期限〟をつけているのです。期限が設定されているから、手洗いを打ち切れるわけです。

同じことは、悩みについてもいえます。いつまでも悩み続ける人というのは、期限がつけられないのです。

悩みというものは、期限を区切らずに悩み続ければ、いつか、必ず、解決されるというものではありません。逆にいえば、解決に行き着かないから、その悩みから離れられないわけでしょう。

私たちにも、日常的に期限付きで悩んでいる場面がいくつもあります。たとえば、ファミリーレストランでランチをとるときです。

メニューを見て、「さて、何にするかな？　今日はハンバーグにするか。あっ、オムライスもうまそう。なに、なに、当店のおすすめはカニクリームコロッケか……」と何を注文するかで悩むでしょう。

ただ、そうしているのもせいぜい数分。すぐに悩むのを打ち切って、注文を決定するわけです。これは、期限付きで悩んでいることではありませんか？

同じように、いくつもルートがある場所に行くときも、どのルートにするか悩むでしょうし、雨が降りそうな天気のときには、傘を持って出るか、出ないかで悩むことにもなります。とはいえ、こちらも、そう長い時間悩むことはありません。ちゃんと期限付きで悩んでいるのです。

こういうと、「そんなことで悩むのと、人生の一大事で悩むのとは、わけが違うじゃないか」と感じた人もいるかもしれません。

たしかに、悩みに軽重はあります。ランチを選ぶときに悩むのと、結婚を決めるときに悩むのとでは、断然、重みが違います。結婚や就職、マイホームの購入や子どもの進学など、重いランクの悩みの場合は、期限を数分にするわけにはいきません。1週間、10日、1カ月悩むということになって当然です。

しかし、どこかに期限をつけないと、その悩みから離れられないという点では、変わるところはないのです。

悩みの軽重によって長短はあっても、期限付きで悩むという基本スタイルは守るべきです。悩みに決着をつける方法は、それ以外にはありません。

もちろん、悩んだ末に出した結論が正しいとはかぎりません。

ハンバーグを注文して、「しまった！　やっぱり、カニクリームコロッケにしておけばよかった」ということはあるでしょう。

だったら、次にそのファミレスに行ったときは、カニクリームコロッケを注文すればいいのです。再チャレンジはいくらでも可能です。

結婚にしても、してみてからその結婚を決めたのが誤りだった、ということになるかもしれません。これだって、離婚すればご破算にできます。

ランチの注文を変えるほど簡単ではありませんが、その後の人生を考えれば、再チャレンジという選択があっていいではありませんか。

人には期限が決められていないと先送りにしてしまうところがあります。仕事でも、「いつまで」という期限があるから、その間に仕上げるように努めるわけでしょう。

「いつでもいいから」ということになったら、ダラダラとその仕事を引きずることになります。悩みの先送りはやめましょう。

悩みを人に話せば、冷静な判断ができる

悩んでいる当事者は、自分が抱えている悩みを必要以上に深刻なものと考えがちになります。しかし、悩みの多くは他人から見ると、「なぁんだ、そこまで悩むほどのことではないじゃないか」という程度のものだったりします。

悩みの渦中にいると、どうしても理性的でなくなるところがありますから、答えは案外はっきりしているのに、判断に迷うことになりがちなのです。

いい例が恋愛の悩みです。付き合っている相手が誠実さに欠けると感じていても、なかなか別れるという答えが出せない、といったケースがけっこうあるのではないで

しょうか。心の中に、本当は誠実な人かもしれない、その人と別れるともう恋愛ができないかもしれない、自分がいなければ相手がダメになってしまうのではないか……といったさまざまな思いが渦巻くからです。

しかし、他人なら簡単に答えが出せたりするのです。その人の行状を打ち明けて相談したら、こんなことにもなる。

「嘘はつくし、約束は守らない人なんでしょ？　どう見たって誠意のかけらもない人だと思う。別れるしかないよ」

理性的に、冷静に、常識的に判断したら、答えは決まっているということでも、当事者にとっては解決不能にも思える悩みになっている一例でしょう。

人に相談するということも、悩みから抜け出す一つの方法です。**いわゆる、〝背中を押してもらう〟というわけですね。**

転職で悩んでいるというケースでも、自分で考えているだけでは踏ん切りがつかないことがあるかもしれません。だったら、すでに転職を経験している友人や先輩に相談してみる。転職先での人間関係はどんなものなのか、気配りすべき点はどこか、メリットとデメリットは何か……など経験者の語る転職の実態はおおいに参考になるはずですし、それが背中を押してくれることもあるのではないでしょうか。

もちろん、暫定的《ざんてい》でもいいから、自分で答えを出して、それを試してみる、というのが原則です。しかし、悩んでいったん深みにはまると、それができなくなってしまうことが現実にはあるでしょう。そんなときは、原則にこだわらず、判断を他人に委ねることで、悩み解決への道筋が見えたりするものです。

悩みに対して、どう行動したのか紙に書く

前項でも触れましたが、頭で考えていると、悩みは深くなっていくものです。それを防ぐために有効なのが、紙に書くということです。書くことで悩みは整理され、解決策も見えてくるのです。

その際のポイントになるのが、悩みそのものではなく、その悩みに対して、自分がどう対応したかを書くということです。

たとえば、恋人がいないことで悩んでいるとします。この場合、「恋人がいない」ということは書きません。恋人がいないという、その状況の中で、自分が何をしたか、そうすることでどうなったか、ということを書くのです。

「合コンに行ってみた」↓「いい相手に出会えなかった」

「恋愛術の本を読んだ」↓「参考になることがけっこうあった」

「友だちに誰か紹介してほしいと頼んだ」↓「まだ、紹介してくれていない」

例を出すと、こんな具合です。どうですか、何か見えてきませんか？

そう、漠然と「恋人がいない」ことを悩むのではなく、現状を紙に書いて、整理すると、次にやるべきこと、できることが明らかになるのです。

合コンでいい相手が見つからなかったとすれば、次のステップとして、もっといろいろな合コンに顔を出すということもあるでしょうし、合コンはやめてマッチングアプリを始める、ということもあるでしょう。

参考になる恋愛テクニックを学んだのなら、それを実践するのが次にやるべきことになりそうです。

友だちからの紹介がまだなら、プッシュしてみてもいいかもしれません。

それらはどれも、恋人づくりに向かって歩みを進めることです。「いない」と悩んでいるだけなのとは大違いです。

書くときは、「事実」と「思い」を分けて書く

ポイントがもう一つあります。「事実」と「思い」を分けて書くということです。

たとえば、恋人からいつになく厳しい声で、「折り入って話があるから会いたい」という連絡が入ったとします。悩みをもたらしそうな状況です。

「いつもとは様子が違ったな。別れ話を告げられるに違いない」

おそらく、そんなところで悩むことになるのだと思いますが、**悩みの中身は事実と思いとがごっちゃになっています。それを書くことではっきり分けるのです。**

「話があるから会いたい、という連絡が入った」

これは事実です。

「声が厳しかった。様子が違った」

「別れ話を告げられる」

こちらは印象や想像ですね。

書き分けてみると、確かな事実としては、「会いたいという連絡が入った」ということだけなのがわかります。

恋人が「会いたい」といってくるのは別に不自然なことではありません。とすれば、事実については悩むべき問題ではないということになります。

手強《てごわ》いのは思いのほうです。悩みの核心は「別れ話を告げられる」ということにあるわけです。声の厳しさや様子の違いは、それを想像させる要素といっていいでしょう。**ここで、現実に別れ話を告げられる可能性がどのくらいあるのか、また、ほかの**

可能性はないのか、を考えてみるのです。

たとえば、デートを続けてドタキャンした、ほかの異性と食事をしたのがバレた、といったことがあれば、別れ話の可能性は高くなるでしょうし、特に思いあたることがないということなら、ほかの可能性のほうが高いかもしれません。

声が厳しく、様子が違うように感じられたのは、会社からの電話で周囲に人がいたから、あえて事務的にふるまったためとも考えられますし、少々、機嫌が悪いときの電話だったということもあるわけです。

「折り入って話したい」というのも、付き合い方について何か新しい提案をしたい、ということかもしれませんし、相手がそろそろ結婚について真剣に考え始めていて、そのことを伝えたい、ということなのかもしれません。

いずれにしても、いくつかの可能性に思いがいたるはずです。それは、「別れ話を告げられるに違いない」という思い込みから脱することにほかなりません。悩みが軽くなることといってもいいでしょう。

人には、何でもない事実を思い込みによって、深刻な悩みにしてしまうところがあ

ります。その落とし穴にはまらないためにも、「事実」と「思い」を分けて、紙に書くことをおすすめします。

恐れていることが起こる具体的な確率を考える

みなさんは飛行機に乗るのは平気ですか？　なぜ、そんな質問をしたかといえば、飛行機嫌いの人が意外に多いからです。移動手段に絶対飛行機は使わない、飛行機でなければ行けない外国旅行には間違っても行かない、といった人たちです。

飛行機は落ちたら命は助からない、というのがその根拠になっているわけですが、これは根拠として相当疑わしいでしょう。

コロナ禍前の２０１９年に出された国際航空運送協会のレポートによると、１００万フライトあたりの事故発生率は１・13だったといいます。これは88万４０００フライトをして1回事故が起こる計算です。

一方、日本で起きている自動車による死亡事故は、同じくコロナ禍前の2019年で比較すると、年間約3200件です。国内を走っている車はだいたい8200万台ですから、2万6000台に1台が死亡事故を起こしている計算になります。

これらの数字からも、道を歩いていて交通事故に遭う確率のほうが、飛行機事故に遭う確率よりはるかに高いことは、確かなのです。

もし、事故を恐れて飛行機に乗らないというのなら、それよりもっと頻発《ひんぱつ》している交通事故を恐れて外に出ない（車が走っている場所には行かない）ということでなければ、論理的にはおかしくなるでしょう。

しかし、飛行機嫌いの人も平気で街中を闊歩《かっぽ》している。確率論でものを考えないわけです。私は常々、不思議なことだと思っています。

このように、**不安、恐れ、悩みには、確率論で考えないことが原因になっているものが少なくありません。**

ほかにも、たとえば、企業が生き残りのために次々とリストラを断行している、といったニュースを耳にすると、「明日はわが身か！」と不安が募り、悩む人もいるでしょう。

しかし、リストラがどのくらいの確率でおこなわれているかを調べていないのではないでしょうか。仮に、従業員数500人の会社が20人のリストラを発表したとします。リストラになる確率は4％、25人に1人です。

よほどの問題社員なら別ですが、そこそこ真面目に仕事をしていて、実績も普通くらいには出しているのであれば、25分の1になる可能性はそれほど高くないと思いませんか。つまり、確率論で考えれば、そんなにリストラに脅《おび》え、悩む必要はないということになるのです。

ところが、現実には「20人もリストラされるのか」と考え、「たかが25分の1じゃないか」とは考えないのです。

ですから、目の前の悩ましいことに対して、ここは確率論で考えていくクセをつけませんか？　状況はまったく同じでも、そうすることで、悩みは格段に軽くなります。

なるようにしかならないことを悩むのはばからしい

悩んでいる人は、その悩みが現実のものになったら、〝この世の終わり〟のように思っています。

「恋人にフラれたら、きっと、生きていく気力もなくなる」

「リストラされたら、家族が養えなくなって、一家が路頭に迷う」

もちろん、そんなことはない、と断言はできませんが、たいがいの場合は、フラれて死ぬことはないし、リストラで一家が路頭に迷うことも、まず、ないのです。

そして、もう一つ知っておいてほしいことは、恋人とか会社の人事担当者とか、相手があるケースでは、悩もうが、悩まないでいようが、結果的には「なるようにしかならない」ということです。

フラれたときのことを想像して、いくら心を痛めたところで、フラれるときはフラれる。リストラされるかどうかで悩み抜いたって、そんなことはおかまいなしに、人事部門が決定すればリストラが通達されます。

だとすれば、「なるようにしかならない」ことを悩んでも仕方がない、悩むのはばからしいということになりませんか?

感情的に、ああでもない、こうでもない、と悩んでみたところで、それは具体的な解決策とは違うので、ほとんどの場合、物事を好転させてはくれないでしょう。

であれば、いま自分で結果をどうにかできないことに対しては、あえて執着せずにいったん悩むのをやめたほうがいい。

その後、何か結果がもたらされたときに、どうすれば状況がよくなるかについて、感情的にではなく具体的に、悩み始めればいいのです。

どうなるかわからない状況や事態を先取りして悩むことには、意味がありません。むしろ、心にとっては百害あって一利なし、でしょう。

悩みさえ解決すれば、すべてがうまくいくわけではない

悩みに直面していると、その悩みさえ解決すれば、すべてがうまくいくと考えがちになります。

しかし、実はそれは勘違いです。**悩みの解決は、多くの場合、「手段」を手に入れたということにすぎないのです。**

典型的な例が、顔が赤いことに悩んでいる、赤面恐怖の人でしょう。

赤面恐怖の人は顔が赤いのさえ治れば、人とフランクに話せるようになる、対人関係がスムーズに運ぶ、いい恋愛ができる……というように、すべてが解決すると思ったりします。

しかし、現実にはそううまくはいきません。ちょっと考えてみればわかることです

が、顔が赤くなくたって、人とフランクに話せない人はいるわけですし、対人関係が苦手な人も、恋愛ができない人もたくさんいるのです。

もし、人とフランクに話せるようになりたいと思っていて、なおかつ、顔が赤いことがその障害になっていると考えているのであれば、顔が赤いのが治ったことは、フランクに話せるようになるという「目的」を達成するための、(その人にとっては)一つの手段を得たということでしかないのです。

目的達成のためには、会話術を身につけるとか、人と話す機会を増やすとか、新たな解決策を探って悩む必要があるわけです。スムーズな人間関係についても、いい恋愛についても同じことがいえます。

私は、顔が赤いことなど悩まず、ダイレクトに目的達成につながる悩みと向き合ったほうがいいと考えていますが、**その人が、顔の赤さを解決することで、手段を得たと思えるのなら、その〝まわり道〟もよし、でしょう。**

手段を目的と取り違えない

考えてみると、手段と目的の取り違えはいたるところにあります。

東大に入りたいと思っている人は、それが目的になってしまう。しかし、本当の目的はそうではないでしょう。たとえば、社会で成功する、安定した生活を送る、といったことが目的のはずです。東大に入ることは手段でしかないのです。

ですから、東大に入ったところで、その後、努力をしなければ、社会的な成功も、安定した生活も得られません。もっといえば、何年も浪人して東大をめざすよりは、別の大学にすんなり入り、そこで、一生懸命やることのほうが目的を達成する近道かもしれないのです。

同じことが親の世代でも起きています。中学受験に一生懸命になる親は、開成なら、開成に子どもを入学させることが目的になるわけです。

しかし、開成に入ったからといって、東大合格が約束されているわけではないし、その先の社会での成功、安定した生活が保証されているということもありません。

むしろ、ギリギリの成績で開成に入って、劣等コンプレックスを抱き続けるよりも、ワンランク下の中学に入学して、そこでトップクラスになったほうが、勉強の意欲も増すでしょうし、東大に合格する確率も高まるかもしれないのです。親にはそれが見えない。開成に入るという手段が目的化してしまうのです。

もちろん、目的には短期で考えるものと長期で考えるものがありますから、一時的には短期のものを目的に据えるのはいいでしょう。

大切なのは、達成されたら、それを次なる目的のための手段と捉える発想です。

その発想があれば、一時的な目的が達成できなくても、次の目的に向けて別のルートを考えることができます。いまあげた、開成をやめてワンランク下の中学で頑張る、というのはその一例です。

また、お金も目的化しやすいことだといえるでしょう。多くの人はお金持ちになる

ことを目的にしますが、本来、お金はあくまで幸せになるための一つの手段です。

そうだとすれば、お金を持ってどうしたら幸せになれるかを考える――悩みどころはそこにあるはずです。

その点、Meta（旧・Facebook）の創業者であるマーク・ザッカーバーグ氏は、２０１５年、娘の誕生を機に、教育に役立ててほしい、と持ち株の99％（日本円で約５・５兆円）を寄付しましたが、このケースなどは悩みどころを心得たものといえます。持っているお金を社会に役立つことに使う、人々の幸せのために使う、それが彼の幸せ観であり、「自分の幸せとは何か？」を悩んで出した結論だったわけです。お金を持つことがちゃんと手段になっています。

マイクロソフト社をつくったビル・ゲイツ氏が寄付に熱心なこともよく知られるところです。米国には寄付をすると尊敬される〝文化〟が根づいているとはいえ、こうした日米の資産家のふるまい方（お金の使い方）の差は歴然でしょう。

日本ではまだまだ、お金を持つこと自体が目的化している場合が多いのではないでしょうか。ことお金の使い方に関しては、米国に一日《いちじつ》の長あり、と認めざるを得ません。

第7章

悩む人よりも「動く人」が成功する

「いまよりよくなる」という体験をする

仕事でも恋愛でも失敗はつきものです。失敗を分析することの大切さについては、45ページですでにお話ししましたね。失敗についてさらにいえば、それをいい経験と捉える発想も必要です。

たとえば、フラれたときにただ落ち込んで悩むのではなく、そのダメージに、案外、持ちこたえている自分に目を向けるのです。

「けっこうつらかったけど、俺って思っていた以上に立ち直りが早いじゃん」

そんなふうに、**フラれたおかげでタフな自分であることがわかったのだ、という発想をすると、大変な場面も、しんどい経験も、いい肥やしになります。**

この場合は、自分の新たな面を発見したわけですが、そのことによって、フラれるのを恐れず、どんどんアタックできるようになるかもしれません。

また、失敗を活かすと同時に成功者に学ぶ姿勢も持ちましょう。その意味では本を読むのもいい。本は成功体験の宝庫です。

こうしたらモテる、会話のテクニック、いい男（女）になる方法……などなど、恋愛を成功させるためのさまざまなノウハウが展開されている本が山ほどあります。

それらが示しているのは、モテない自分を変える、恋愛がうまくいかない自分から抜け出す解決策です。しかも、解決策は実にバリエーション豊富です。1冊読んでそのノウハウを試してみてダメだったら、いくらでも別の解決策があるのです。次々に試してみればいいのです。

仕事に関しても同様。トップセールスパーソンの交渉術、人を動かすマネジメント法、できる自分になる技術、といった類《たぐ》いの本が書店には所狭しと並んでいます。解決策は無尽蔵《むじんぞう》にあるといってもいいでしょう。

成功者のやり方を真似ると、それまでのやり方でやっているよりはうまくいくことが多いでしょう。恋愛の成功率はほんの少しかもしれませんが、確実に高まるでしょうし、仕事の実績もいくらかは上がるでしょう。

これをアドラーは「勇気づけ」と呼んでいますが、いまよりよくなるという経験をすることが大事なのです。異性と話すのが苦手だったのが少しうまく話せるようになった、うまくいってなかった仕事がちょっと上向いてきた、といった経験がさらによくなろうという意欲を湧かせる。

自分の中に前に進む心構え、進歩する姿勢が生まれる、といってもいいですね。そうして、少しずつ進歩していくことは、間違いなく、成功を引き寄せているということなのです。

失敗してもいいと思って とりあえずやってみる

何かをしようとして悩むのは、失敗を恐れるからです。

「こんなアプローチのやり方じゃ、あっさり断られるんじゃないだろうか」

「自分の交渉力では、契約がうまくまとまらないかもしれない」

こういった具合です。思いあたるフシがある人も少なくないでしょう。

しかし、失敗をゼロにしようと思ったら、誰だって行動できなくなります。ちょっと考えてみてください。野球でいえば、超一流のバッターでも、打率は3割台ではないですか。ということは、7割近くは失敗しているのです。

10回トライして7回失敗しても超一流なのです。「そうか、失敗できるんだ」と気づくことです。

どんな分野にもヒットメーカーといわれる人がいます。ベストセラー作家もそうですし、大勢の観客を動員する作品を手がける映画監督もそうです。

ヒット作が目立つため、何を書いても、どんな映画をつくっても、成功するという印象があるわけですが、実はそのかげで多くの失敗をしているのです。

日本人初のノーベル文学賞をとった川端康成《かわばたやすなり》さんだって名作ばかり書いていたわけではないでしょう。日本が世界に誇る黒澤明《くろさわあきら》監督もたくさん映画を撮っていますし、その中には〝駄作〟もいくつかはあるはずです。

ビジネスの世界でも、ヒット商品の開発者は、その商品を生み出すまでに数多くの売れない商品をつくっているに違いありません。

失敗にめげることなく、トライし続ける。それが成功者の実像です。異性にアプローチしてあっさり断られたとしても、1回失敗の「目」が出たにすぎません。それであきらめてしまったら、永遠に恋人なんかできっこないのです。

2回目、3回目も失敗の「目」が出たとしても、まだまだです。なにしろ、一流のバッターだって（10回トライするとして）7回は失敗できるのですから……。

もちろん、「10回全部失敗することもあるじゃないか」と思った人もいるでしょう。たしかに、そういうこともあります。しかし、100回トライしたらどうでしょう。70回は失敗できる。それまでの失敗はそのうちの10回だったということです。

この発想が大事です。そして恋愛にしても、ビジネスにしても、たった1回成功すればある程度の幸せが得られるのです。

「成功させなければ」と考えるから、悩むことになるし、力みも生まれます。「失敗できる（失敗する、ではありませんよ！）」という気持ちで何事にも臨めば、悩むこともないし、肩の力が抜けて、そのことにあたれます。

現代は、悩むよりも動く人が成功する時代！

人間は考える葦《あし》である。あまりにも有名なフランスの思想家で数学者でもあったブレーズ・パスカルの言葉です。思索するということはある意味で人間であることの証明でしょうし、特権といっていいかもしれません。

眉間《みけん》にシワを刻んで何事かに思いをめぐらせていると、なぜか上等な人間に見えるというところがあります。同じことが悩むということにもありそうですね。こんな言い方がしばしばされます。

「おまえ、少しは悩みくらいないのかよ。まったく、人生、軽く見すぎているんじゃないのか？」

悩まないのは人生を真剣に捉えていないからだ、というわけです。しかし、すでにお話ししたことですが、悩みながら歩みを進めていくのが人生ですし、生きていたら悩みと無縁でいることはできません。

ただ、こういうことはいえるのではないでしょうか。この時代は、悩むより動く人が成功している。この30年、もっともビジネスチャンスが開かれてきたのはＩＴの分野でしょう。検索エンジン、インターネットショッピングなど、これまでに大成功を収めてきたビジネスモデルが数多くあります。

その成功について、こう語る人がいます。

「検索エンジンなんて、俺も考えていたんだけどね」

「ネットショッピングのアイディアは私も持っていたんだ」

事実、そうなのかもしれません。

しかし、現実に成功した人は、考えているだけでも、悩んでいるだけでもなく、さっさと動いた人、行動に移した人なのです。ビジネス計画をどれほど綿密に練り上げていたとしても、行動しなければ成功する確率はゼロです。

「まだ、何かが足りない」と完璧を求めて悩み続けていたって、プロジェクトは１ミリも動きはしません。そもそも、完璧な計画などないのです。悩むこと、いや、悩みすぎることの愚かしさは明白です。

パソコンのＯＳなども、次から次にニューバージョンが登場します。最初から使い勝手のよい永久使用版を発表すればいいようなものですが、そうはしません。ひとまず出してみてユーザーの反応を確かめながら、バージョンアップをしていくわけです。少しばかり意地悪な見方をすると、不完全なものをユーザーに使わせ、改良点を探りながら、商品づくりをしているともいえますが、進化にはそういう面があるのも否めません。

古いバージョンや初期のバージョンのユーザーには迷惑な話ですが、それが現代的なビジネスモデルでもあり、商品をヒットさせる秘訣《ひけつ》でもあるのでしょう。

この一事をもってしても、完全なものをつくろうと、考え抜き、悩み抜いているより、不完全でも、とにかく動いて（商品化して）しまうのが、成功のポイントであることがわかります。

悩んだ分だけよい結果が出るわけではない

悩むことは人間を成長させる、といわれます。かつてのCMに使われていたフレーズにも、「みんな悩んで大きくなった」というものがありました。

しかし、悩むことにあまり価値を置きすぎるのは問題だ、と私は思っています。悩めば悩むほどいい、ということはないのです。悩むときにも適度なさじ加減が必要です。

私は受験指導で〝数学は暗記だ〟ということを提唱しています。つまり、数学の問題は答えを見て暗記してしまったほうが点数が上がる、というものです。

これにはさまざまな方面から批判をいただきましたが、ある実験によってこの考え方の正しさは実証されています。

ただし、その実験では、まったく考えないですぐ答えを見てしまった場合は、それほど成績は伸びないという結果が出ました。成績の伸びが確認されたのは、答えを見る前に4分間考えさせるというワンクッションを置いた場合でした。

4分間考えることで、問題のどこがわからないのか、答えを導き出すためには何が必要か、といったことがある程度つかめます。

そしてその後、答えを見ることで、「なるほど、そうだったのか。ここに気づけばよかったんだな」と解答への道筋がはっきり頭に刻まれるのです。

問題を解けなかった自分が、どのようにして解ける自分になったかが、理解されるといってもいいですね。

和田式暗記数学で考える時間を5分にしているのは、この実験も踏まえて、数学に関しては、それが、考える、悩む、適度なさじ加減だと判断したからです。

人事を尽くして天命を待つ

悩むより動く、という成功法則にも、適度に悩むという条件は必要です。

たとえば、思いを寄せている相手にラブレターを書くときでも、ただ溢《あふ》れ出る思いをやみくもに連ねるだけでは、相手の心に響かないでしょう。

できるだけうまく思いを伝えるためには、どんな言葉を使うのがいいか、文面の流れはどうするのが効果的か、長さはどうか、といったことについて、適度に悩む（考える）ことは必要なのです。

直接、気持ちを伝えるにしても、どのようなシチュエーションで告白するのがいいか、やはり、適度に悩まなければ成功率は高まりません。

早い話、会社のビルの屋上に呼び出して告白するのと、夜景のキレイなレストランで食事をご馳走したあとに伝えるのとでは、相手が気持ちを受け容れてくれる確率に差が生まれると思うのです。

人事を尽くして天命を待つ。このことわざを噛《か》みしめてください。

人事を尽くさなければ、成功はおぼつかないのです。

しかし、最終的には天命にまかせるしかないわけですから、人事を尽くすことも適当なところで切り上げる。ここは大事なポイントです。

そして、これも前述したことですが、失敗から学ぶことです。なぜ、失敗したのかをきちんと分析するのです。それを怠ると同じ失敗を何度も繰り返すことになります。

動いたあとの分析には、少々、時間をかけてもいいかもしれません。

「付き合ってください」と率直に告げてフラれたのであれば、その言い方があまりに芸がなさすぎたということもあるでしょう。

そこで、「やはり、言い方がまずかった」という分析結果が出たら、言い方を工夫しようということにもなる。

それが、「おいしいイタリアンレストランを見つけたんだ。よかったら、今度、一緒に食事をしない?」「コンサートのチケットが2枚手に入ってさ。時間があったら、一緒にいってもらえないかな?」といった形で言い方をグレードアップすることにつながります。

あるいは、恋愛を持ち出すのが早すぎたということもあるでしょう。それが分析できたら、友だちから始めるというアプローチにも思いが及ぶことになります。それは、改良点が見つかって恋愛する自分が進化したということであり、恋愛する際の自分の動きに有効なバリエーションが加わったということです。次回のチャレンジでは成功確率は確実にアップすることになるはずです。

日本マクドナルドの創業者である藤田田《ふじたでん》さんは、起業についてこんなことをいっています。

起業は全財産の3分の1でやれ。最初の起業はおおかた失敗するものだから、まず、3分の1の財産でやってみる。失敗したら、その原因を分析し、2回目は改良点を盛り込んで3分の1を注ぎ込む。しかし、それでもうまくいくとはかぎらない。そこで、さらに改良を加えて、最後の3分の1で3回目にチャレンジする。それが、藤田さんのいわんとするところでしょう。

二度改良してやはりダメだったら、その起業はあきらめたほうがいい、というのも藤田さんの主張です。

とはいえ、**起業についてはそうだと思いますが、恋愛、さらに人生には、回数制限はありません。いくらでも改良を重ね、チャレンジを続ければいい。**

いずれにしても、短く悩んで動き、じっくり悩んで改良、再チャレンジをする、というのが、成功へのルートです。

行動シミュレーションをすれば、改良点も見つけやすい

悩んでばかりいて動けない人は、悩んだことで納得してしまうというところがあるように思います。

たとえば、対人関係に悩むときでも、「どうも人とうまく付き合えないな。自分が引っ込み思案だからなんだ。引っ込み思案じゃ、仕方がない」ということになってしまう。

〝仕方がない〟ということで納得してしまっているから、悩みが行動につながらないのです。

そうではなくて、引っ込み思案の自分が、どうしたら人とうまく付き合えるかで悩む。これは〝どうしたら、いい？〟という解決策を求める悩み方によって、行動につなげていくのです。

勇気を出して積極的に自分から声をかける、自分が興味を持っている趣味のサークルに入る、ボランティア活動に参加する、ＳＮＳのアカウントをつくってみる……。

解決策はいろいろ考えられます。

そこで、それらを行動に移す前に、一度、動いてみたら、どんなことが起こり得るかをシミュレーションしてみるといいかもしれません。

たとえば、自分から同僚を誘って飲みにいって、プライベートな話をしたら、相手も乗って打ち解けてきた、といったシミュレーションでいいのです。

実際はどうなるかはわかりませんが、そのとおりにいかなくても、シミュレーションができていれば、失敗原因を分析しやすいし、改良点も見つけやすくなります。

「プライベートな話をするのはまだ早かったか。仕事の話で共感し合ったほうが、打ち解けやすかったかもしれないな」という具合ですね。

シミュレーションはおおまかな台本、たたき台です。それがあれば、あとは修正なり、微調整なりを重ねていく作業になります。まったく白紙の状態で行動したときに比べて、その後の作業がずっと充実したものになるのです。

「こんなはずではなかった」と思うことも受け容れる

ただし、シミュレーションはあくまで、頭で思い描く〝空想〟であることは、心にとめておかなくてはいけません。**どれほど客観的に組み立てたつもりでいても、ひとりよがりであることは否めないのです。**

告白すると決めて、シミュレーションをすれば、待ち合わせ場所はどこ、ディナーはどこ、その後の展開はどう、というふうに細かいところまで、その日の行動の流れを思い描くでしょう。会話の想定問答も考えるかもしれません。

しかし、本番は相手がどんな反応を示すかわからないわけです。喜んでくれると思っていたレストランを、あまり気に入ってくれないこともあるでしょうし、盛り上がると読んでいた会話が、いまひとつ弾まないということになるかもしれない。

そこで、「こんなはずではなかった」とは思わないことです。

こう受けとめてください。

「所詮、空想だったのだから、思惑が外れて当然だ」と。

思惑が外れたということは、失敗原因が、改良点が、はっきり炙り出されたということです。それだけで、シミュレーションをすることの意味は、おおいにあるのではないでしょうか。

「次の一手」はすかさず試す

善後策、次の一手、という言葉があります。物事が計画したとおりに進むことは滅《めっ》多《た》にありません。どこかで変更を余儀なくされることが当然ありますし、頓挫することも珍しくはないでしょう。

ですから、善後策、次の一手が重要になってくるのです。

ただし、重要だからといって、それを打つことに慎重になりすぎてはいけません。

「ここで的確な善後策を講じないと大変なことになる」

「次の一手を間違えたら取り返しがつかない」

そんなふうに考えてしまうと、動きがとれなくなります。善後策を延々と練り続ける、次の一手をいつまでも悩み続ける、ということになるからです。

しかし、善後策も、次の一手も、試してみなければ、それが有効かどうかはわからないのです。

仕事でミスをして取引先を怒らせてしまった。これは善後策が求められる局面です。誰でも悩まずにはいられないでしょう。

しかし、「先方の怒りを解くのにどうしたらいいだろう？　電話で謝罪して、それから足を運ぶべきかな？　上司を伴って出向くのがいいかな？　それとも、きちんと謝罪文書をつくって持参するべきかな……？」ということを考えて時間が経つうちに、対応は遅きに失し、相手の怒りは確実に増幅します。

当然ながら、こちらが悩んでいることなど相手には見えません。伝わるのは対応が遅いという、そのことだけなのです。

だから、とにかく動くことです。

いち早く、先方に駆けつけて、頭を下げる。そのもっともシンプルな善後策を試してみるのです。それで、どうなるかはわかりませんが、いずれにしても試したことの結果は出ます。

意外にあっさりと誠意を汲んでくれて、謝罪を受け容れてくれるかもしれない。あるいは、現場の担当者だけの謝罪では怒りが解けないこともあるでしょう。しかし、結果がはっきりすれば、次の策も手を打てるのです。

「申し訳ありません。上司を伴って伺うべきでした。出直して参ります」

自分一人の謝罪では済まない場合でも、取るものも取りあえず、謝りにきたことが相手の気分を害することはありません。〝出直し〟を受け容れてくれるのは間違いのないところでしょう。

結果に納得するためにあらゆる手を尽くす

善後策も、次の一手も、それが功を奏さなかったら終わりということはないのです。試してダメなら、次なる善後策、一手を考えればいいだけの話です。

恋人同士の間でも、ちょっとした言葉の取り違えや気持ちの行き違いから、気まずくなることがあるでしょう。これも悩ましい状況です。そこであの手、この手を考えてみる。

「彼女のお気に入りのレストランを予約して、食事に誘ったらこちらが悪いと思っている気持ちが伝わるかな？　やっぱり、ここはプレゼントが一番か？　そうだ、しばらく冷却期間を置くという手もあるな……」

しかし、どの手が一番いいかを判断しかねているうちに、事態は悪化する一方ということもあるのです。

ようやく、打つ手を決めて連絡をとったら、「いまさら何なの？　私のほうはもう心の整理がついたから、お付き合いはやめにしましょう」ということになりかねないのです。

動かなかったことの〝報い〟といっていいでしょう。

早急に動いていたら、少なくとも、いきなり別れを告げられることにはならないはずです。

当初は連絡しても会うのを拒まれることになるかもしれません。しかし、それが試した結果ですから、次の手が打てます。連絡をとり続ける、手紙を書く、謝罪メッセージを添えて花を贈る、共通の友人に間に入ってもらう……。

そうした次の動きが相手の頑な心を溶かす一手になる可能性は十分です。

もちろん、手を尽くしても関係の修復ができず、結果的には別れることになることもあるでしょう。

しかし、そこにいたるまで、ただ悩んでいただけというのと、さまざまに動いたというのとでは、自分の納得感が、断然、違います。

ぜひ、悩んでばかりでなく、動く一歩を踏み出してみてください。

本書は２０１６年３月に海竜社より『「すぐ動く人」は悩まない！』
として刊行された作品を、加筆・修正のうえ文庫化したものです。

一〇〇字書評

切り取り線

購買動機（新聞、雑誌名を記入するか、あるいは○をつけてください）

- □（　　　　　　　　　　　　　　）の広告を見て
- □（　　　　　　　　　　　　　　）の書評を見て
- □ 知人のすすめで
- □ タイトルに惹かれて
- □ カバーがよかったから
- □ 内容が面白そうだから
- □ 好きな作家だから
- □ 好きな分野の本だから

●最近、最も感銘を受けた作品名をお書きください

●あなたのお好きな作家名をお書きください

●その他、ご要望がありましたらお書きください

住所	〒				
氏名		職業		年齢	
新刊情報等のパソコンメール配信を 希望する・しない	Eメール	※携帯には配信できません			

あなたにお願い

この本の感想を、編集部までお寄せいただけたらありがたく存じます。今後の企画の参考にさせていただきます。Eメールでも結構です。

いただいた「一〇〇字書評」は、新聞・雑誌等に紹介させていただくことがあります。その場合はお礼として特製図書カードを差し上げます。

前ページの原稿用紙に書評をお書きの上、切り取り、左記までお送り下さい。宛先の住所は不要です。

なお、ご記入いただいたお名前、ご住所等は、書評紹介の事前了解、謝礼のお届けのためだけに利用し、そのほかの目的のために利用することはありません。

〒一〇一-八七〇一
祥伝社黄金文庫編集長　栗原和子
☎〇三（三二六五）二〇八四
ohgon@shodensha.co.jp

祥伝社ホームページの「ブックレビュー」からも、書けるようになりました。

www.shodensha.co.jp/bookreview

祥伝社黄金文庫

「すぐ動《うご》く人」は悩《なや》まない！

令和5年9月20日　初版第1刷発行

著　者　和《わ》田《だ》秀《ひで》樹《き》

発行者　辻　浩明

発行所　祥伝社《しようでんしや》

〒101－8701
東京都千代田区神田神保町3－3
電話　03（3265）2084（編集部）
電話　03（3265）2081（販売部）
電話　03（3265）3622（業務部）
www.shodensha.co.jp

印刷所　萩原印刷

製本所　ナショナル製本

　ISBN978-4-396-31842-0 C0111